3/11 ans

140 jeux de relaxation pour l'école et la maison

Cécile Alix

RETZ
www.editions-retz.com
9 bis, rue Abel Hovelacque
75013 Paris

REMERCIEMENTS

Ce livre n'aurait pu exister sans la présence des enfants à l'atelier de relaxation que j'anime. Ils sont les pépites de mes lundis soirs ! Les petits de maternelle : Axel, Bachir, Ely, Joseph, Lise, Madeline, Marie, Marwa, Pierre et Samuel. Les grands des classes élémentaires : Esther, Mathilde, Raphaël et Salomé.

Un grand et souriant merci à :
Christel Gorret, chef d'établissement, pour sa disponibilité bienveillante et le prêt de la salle d'évolution pour notre atelier de relaxation à l'école Saint-Louis de Bourg-en-Bresse.

Frédérique Angel, amie et enseignante, pour son soutien indéfectible, sa constante belle humeur et son humour durant l'atelier de relaxation et le tournage des vidéos pour le DVD de cet ouvrage.

Olivier Savignac que j'ai retrouvé avec plaisir et qui a filmé les enfants pour le DVD.

La douce et souriante Domingas Fernandez, qui nous a si efficacement assistés lors du tournage.

Isabelle Débias, Isabelle Flaux, Élisabeth Pobel, enseignantes, pour leur présence et leurs bons conseils.

Stéphane Polge, musicien, compositeur, professeur au Cours Florent Musique, pour sa musique qui accompagne certains exercices du DVD.

- Son site, pour découvrir ses créations : http://www.stephanepolge.com/
- Son autre site, pour découvrir ses cours de piano, MAO, bruitage, chant, pour jeune public et adultes (Paris 3e) : http://www.atelier440.com/

ISBN : 978-2-7256-3399-2

Direction éditoriale : Sylvie Cuchin
Édition : Anne Marty
Corrections : Florence Richard
Mise en page : Isabelle Vacher
Tournage et montage des exercices filmés : Olivier Savignac
Musique : Stéphane Polge
DVD : STDI
Projet : 10218912
Dépôt légal : janvier 2016
Imprimé en janvier 2016 sur les presses de Chirat - N° 201512.0203

Sommaire

Introduction

« La relaxation du corps jointe à la détente et au silence de l'esprit permettent la réalisation d'une grande attention. »

Robert Linssen, *Le Zen*

À qui s'adresse cet ouvrage ?

Aux enseignants, aux animateurs d'ateliers de relaxation pour enfants (mais aussi de théâtre, de chorale, de musique, de sport, etc.), aux différents acteurs des collectivités jeunes publics et bien sûr, aux familles. À tous ceux qui ont à cœur de partager des activités avec les plus jeunes sans se confronter à des problèmes insurmontables de discipline. À tous ceux, enfin, qui privilégient le bien-être des enfants comme le leur, pour évoluer ensemble dans une ambiance de détente et de concentration.

Qu'est-ce que la relaxation ?

La relaxation est un état de complète détente corporelle (notamment musculaire) et mentale.

Pour parvenir à ce bien-être physique et psychique, plusieurs techniques sont utilisées : la perception sensorielle, la régulation de la respiration, la diminution des tensions musculaires et, de la consommation d'énergie et enfin, le relâchement de la pensée, le ralentissement de l'activité cérébrale.

Apaisement du corps et de l'esprit, la relaxation permet de rassembler l'énergie et favorise l'équilibre, le repos, le retour au calme et la concentration.

La capacité de bien se relaxer est un élément essentiel dans l'apprentissage de la régulation des émotions et des impulsions.

Pourquoi pratiquer des jeux de relaxation avec les enfants ?

À l'école, dans les différentes activités périscolaires ou de loisir, il y a tant à apprendre, tant à partager, tant à appliquer et à comprendre que l'on peut se demander comment les enfants, surtout les plus jeunes, parviennent à supporter ces rythmes effrénés ! Et comment les enseignants, les éducateurs, les animateurs réussissent, eux aussi, à s'adapter, à transmettre ou à éduquer en conservant patience et bonne humeur…

« Calme-toi ! » Quel enfant n'a pas entendu ces mots ? Et quel adulte ne se les répète-t-il pas intérieurement pour ne pas céder à l'énervement quand il est confronté au bruit et à l'agitation qui peuvent vite prendre de l'ampleur dans une classe ou dans un groupe d'enfants ?

L'une des préoccupations majeures de l'enseignant (comme de toute personne chargée de s'occuper d'enfants) est de maintenir au sein de sa classe un bon climat de travail – ou une ambiance calme dans un cadre périscolaire.

Les jeunes enfants se fatiguent rapidement et l'adulte doit souvent déployer des trésors d'énergie et de pédagogie pour que le groupe reste attentif, parvienne à travailler à toute heure de la journée et à entrer dans les apprentissages proposés.

Les enfants ne savent pas instinctivement se concentrer, ils ne reviennent pas naturellement au calme après les récréations, une séance de motricité, une sortie scolaire, le déjeuner ou une activité qui demande énergie et attention. D'autant plus difficilement après une journée passée à l'école !

Dans la relaxation, il est souvent question du corps ; c'est en apprenant à découvrir son corps, à l'« utiliser », que l'enfant réussira à se relaxer efficacement.

La relaxation pratiquée régulièrement en groupe ou individuellement permet à l'enfant d'apprendre à se connaître « de l'intérieur », à sentir ses émotions, à percevoir ses sensations et à prendre conscience de son corps et de celui des autres. Ainsi, progressivement, il parvient à se maîtriser, à adapter ses mouvements, à rassembler son énergie et à réguler ses réactions, mais aussi à équilibrer ses émotions et à s'affirmer en tant qu'individu tout en respectant autrui.

Avec de jeunes enfants, le jeu de relaxation peut également se révéler plus « dynamique » quand il aura pour objectif de libérer un trop plein d'énergie, d'évacuer une colère, un état de stress, de détendre certains muscles ou certaines articulations…

Il est donc nécessaire de ménager au cours de la journée des moments de détente et de relaxation.

Qu'est-ce que la relaxation avec de jeunes enfants ?

Ce n'est pas leur dire : « Allongez-vous et ne bougez plus ! » Très vite, les enfants s'ennuieront et se dissiperont, personne ne se relaxera !

Expliquer

Il est important d'expliquer aux enfants pourquoi on va se relaxer ensemble. Par exemple : « Vous rentrez de récréation, vous faites beaucoup de bruit, vous allez finir par avoir mal à la tête dans ce vacarme ! Et moi aussi ! Pour retrouver le calme, nous allons faire un jeu de relaxation. » Ou : « C'est l'heure de la sieste, nous allons nous relaxer pour vous aider à vous endormir ou à vous reposer. » Ou encore, notamment pour les enfants de 8/11 ans : « Nous venons de beaucoup travailler, vous êtes fatigués, votre corps est raide, un peu de relaxation va vous détendre avant de passer à l'exercice suivant ! »

Faire participer

L'enfant a besoin d'être acteur de ce moment de détente. S'il agit, répond à des consignes, participe activement au jeu de relaxation, il se sent concerné et impliqué. Le retour au calme se structurera et il y participera volontiers.

S'investir

Activité à part entière, la séance (même très courte) de relaxation requiert la même préparation que les autres apprentissages.

L'animateur d'une séance de relaxation, ou l'enseignant qui souhaite organiser des temps de relaxation avec ses élèves, doit être convaincu de l'utilité de cette pratique et s'investir personnellement, réfléchir à divers éléments : objectifs, vocabulaire, déroulement, différences de niveaux, contextes, durée de l'activité…

Il est conseillé au lecteur de « tester » les jeux proposés dans cet ouvrage et de les adapter à son public, de se les approprier en y mêlant sa propre sensibilité, en les transformant, en les raccourcissant, en les personnalisant, etc. Ces jeux deviennent alors *les siens* et sont exclusivement destinés à *ses* élèves (ou à un enfant en particulier s'il s'agit d'une pratique individuelle.)

Il est capital également que l'adulte participe physiquement et mentalement aux jeux et ne se contente pas de lire les consignes. Il montre aux enfants ce qu'il attend d'eux et se relaxe avec eux. Il effectue les gestes en même temps qu'il les explique, ainsi les enfants peuvent suivre son exemple et une relation détendue de confiance et de partage s'installe entre petits et grand.

Se diversifier

Les enfants, particulièrement les plus jeunes, se lassent rapidement. Proposer toujours le même jeu peut les impatienter et ils seront moins attentifs. La séance de relaxation n'atteindra pas son objectif. Pourquoi ne pas varier les jeux, sans pour autant s'interdire ceux déjà testés « qui fonctionnent » ?

(Toujours préciser aux enfants l'intitulé du jeu qu'ils sont en train de faire. De cette manière, ils l'identifieront lors d'une autre séance ou pourront le réclamer s'ils souhaitent y jouer de nouveau.)

Adapter le vocabulaire

Quand on évolue au milieu d'enfants, on adapte très vite son vocabulaire de manière à être compris.

La plupart des jeux du livre peuvent être utilisés pour relaxer des enfants de tous âges, toutefois, ils ont tous été effectués avec de très jeunes enfants (PS à GS). Le vocabulaire employé est donc adapté à leur compréhension.

En reproduisant régulièrement les mouvements que lui montre l'adulte et en l'entendant les décrire, le jeune enfant acquiert rapidement le vocabulaire nécessaire.

Pour les enfants plus âgés, il est parfois conseillé de transformer l'énoncé des jeux afin qu'ils n'aient pas la sensation d'être « pris pour des bébés » !

Ne pas rechercher la perfection

Lors d'une séance de relaxation, il ne faut pas souhaiter réaliser d'emblée de bonnes « performances » et il convient d'éviter toute précipitation. La capacité à se relaxer vite et bien se développe petit à petit, chez l'adulte, comme chez l'enfant.

Comme d'autres acquisitions psychomotrices (écrire, sauter à cloche-pied, faire du vélo), la relaxation résulte d'un apprentissage progressif lors d'une pratique régulière. Les exercices se font lentement, l'adulte articule distinctement et s'exprime calmement, d'une voix posée qui invite à la détente. Ses mouvements suivent le même rythme que sa voix. Il accompagne l'enfant tout au long du jeu.

Entrer dans la relaxation

Que ce soit grâce à une petite phrase ou à une comptine d'introduction, une musique ou un jeu (voir jeu n°1, « Je me déplisse »), il est conseillé de créer un rituel d'entrée dans la séance de relaxation, même courte.

Exemple de comptine très simple (sur l'air de *Sur le pont d'Avignon*) :
On va se relaxer
Je me calme, je me calme
On va se relaxer
Pour pouvoir mieux travailler. (Ou « *Pour pouvoir se reposer* », « *mieux digérer* », etc.)

Respirer

Beaucoup de jeux de relaxation sont basés sur le souffle. Veiller à ne jamais commencer par une longue inspiration qui entraîne une élévation des épaules. Cette position favorise les tensions. Préférer une première expiration (le souffle, comme un soupir qui libère !).

Éviter de modifier de façon brutale le rythme habituel de la respiration. Respirer trop profondément sans préparation provoque une hyperventilation qui peut se révéler stressante et s'accompagner de vertiges.

S'étirer

Souvent, durant les jeux de relaxation, des étirements sont proposés. Veiller à ce qu'ils soient effectués lentement, progressivement et sans excès afin de ne pas froisser les muscles.

Reprendre contact

De même qu'il faut « entrer » dans la relaxation, il faut en sortir en douceur pour ne pas en perdre les bénéfices. On peut également utiliser une petite phrase qui clôt la séance, une musique ou un jeu (voir jeu n°140, « Je me réveille ! »)

Puis, si le temps de relaxation a lieu au cours de la journée, pourquoi ne pas s'adonner, durant quelques minutes, à des activités de transition qui ne demandent pas une tension trop intense ou une forte dépense d'énergie ?

Durée d'une séance de relaxation

Dans une séance de trois quarts d'heure, seules vingt à trente minutes sont exclusivement consacrées à l'application pure des jeux de relaxation, soit cinq à huit jeux en moyenne pour un groupe de PS-MS-GS.

La plupart des jeux proposés dans cet ouvrage sont conçus pour une durée de une à cinq minutes. (Parfois davantage pour quelques jeux de groupe.)

L'adulte peut choisir de ne proposer qu'un ou deux jeux au cours de la journée en piochant dans le livre, ou d'aménager quelques temps de relaxation de plusieurs minutes dans la semaine, etc.

En dehors du temps scolaire, un atelier hebdomadaire de relaxation pour les enfants très jeunes des classes de maternelle et de début de cours préparatoire n'excédera pas quarante-cinq minutes. (On peut aller jusqu'à une heure à partir du CE1, mais l'animateur pensera à bien structurer la séance afin de ne pas lasser les participants.)

Ce temps peut sembler long, mais il faut penser à l'arrivée et au départ, à la mise en condition, aux temps d'échanges où les enfants ressentent le besoin d'exprimer leurs sensations, de commenter le jeu qu'ils sont en train de faire, et, tout simplement, au temps d'écoute et de compréhension des consignes... Pas question de se hâter durant une séance de relaxation ! C'est un moment suspendu durant lequel tout est paisible et harmonieux, toutes les tensions s'évaporent !

Quand proposer ces jeux de relaxation, notamment en classe ?

Hors atelier, on peut évidemment proposer la relaxation « à la carte », dès que l'on sent l'attention décroître, la fatigue ou l'excitation s'accentuer.

Voici quelques moments plus propices au manque d'attention et à la nervosité où il est conseillé d'effectuer un ou plusieurs jeux de relaxation :

– *En début de matinée* : pour canaliser, maîtriser l'énergie et renforcer la cohésion de groupe. (Un ou deux jeux courts.)

– *Après une séance de motricité ou de sport* : pour détendre les muscles, relâcher la tension, favoriser la concentration et rassembler l'énergie. (Un à trois jeux plus longs qu'en début de matinée.)

– *Après la récréation ou le déjeuner* : pour retrouver calme et concentration après une activité qui mobilise de l'énergie. Voire, pour les plus jeunes qui ont un temps de sieste, favoriser l'endormissement. (Un ou deux jeux courts.)

– *Avant une activité de chant, de théâtre ou de musique* : pratiquer des jeux d'échauffement vocal, d'automassage ou de contraction/décontraction pour rendre son corps et son esprit disponibles à l'activité. (Un ou deux jeux courts.)

– *Entre deux activités exigeantes* : faire une transition, se relaxer pour détendre le corps et l'esprit et mieux travailler. (Un ou deux jeux courts.)

– *Le soir, avant le coucher* : favoriser l'endormissement, la digestion, lâcher prise, évacuer les tensions de la journée. (Un ou deux jeux courts.)

Quelques indications pratiques sur les conditions favorables à la relaxation

• Le lieu

L'idéal est une pièce dédiée, un espace dépouillé et silencieux, spécialement réservé à cette activité, avec une lumière indirecte (ou une semi-pénombre) pour favoriser la concentration.

Il est évident que toutes ces conditions ne peuvent être réunies dans une classe où les séances sont très courtes et ne doivent pas mobiliser un trop long temps de préparation. On peut néanmoins réduire l'origine des bruits (pas de trousses sur les tables, pieds des chaises insérés dans des balles de tennis pour éviter le raclement désagréable au moindre mouvement, etc.).

Pour les enfants des classes de maternelle, les jeux de relaxation peuvent se pratiquer assis sur les bancs dans l'espace de regroupement. Dans les classes élémentaires, les enfants pourront rester assis à leur place, derrière leur bureau. L'adulte instaurera alors un rituel de retour au calme afin de créer rapidement et harmonieusement une ambiance de détente.

L'équipement et la tenue

En atelier, privilégier des vêtements fluides qui n'entravent ni les mouvements ni la respiration. Les enfants sont déchaussés et chacun est muni d'un petit tapis de sol fin en mousse (plus confortable qu'une serviette ou qu'un plaid).

En classe, veiller à ce qu'aucun enfant ne porte une ceinture trop serrée ou un foulard qui pourrait le gêner, un pull trop chaud, etc.

Proposer d'ôter leurs lunettes aux enfants qui en portent.

La musique

Tous les jeux ne nécessitent pas de musique. Mais ce peut être une bonne méthode pour favoriser la mise en condition et devenir un rituel.

C'est également un excellent moyen pour faire découvrir un répertoire varié aux enfants, en écoutant des compositions contemporaines et classiques.

Le volume de la musique ne sera pas trop élevé.

Comment utiliser ce manuel ?

Le sommaire

Le sommaire chronologique des 140 jeux, pages 3-4, permet une utilisation libre du lecteur. Ce sommaire est axé sur le thème des éléments de la « nature » : l'eau, la terre, l'air et l'univers. (La relaxation aide chacun à se recentrer sur lui-même, ancré sur terre, évoluant dans l'air. Chacun est à la fois un être matériel et spirituel, entre matière et énergie, au cœur de la nature et de l'espace.)

Les jeux

Chaque jeu est présenté de la manière suivante :

– **Public** : définit si le jeu est destiné aux enfants des classes de maternelle ou des classes élémentaires.

– **Lieu** : indique si le jeu peut se faire en classe ou dans un espace spécialement dédié à la relaxation. (Libre à l'utilisateur d'adapter les jeux proposés en espace de relaxation pour les réaliser en classe.)

– **Initiation au yoga** : certains jeux s'inspirent de postures propres au yoga. Celles-ci ont été simplifiées ou adaptées pour être effectuées par un jeune public.

– **Objectifs** : détaille les différentes intentions (physiques ou psychiques) du jeu de relaxation.

– **Accompagnement sonore** : précise de quels types de musiques le jeu peut s'accompagner. À titre indicatif, une courte liste d'œuvres est proposée.

– **Matériel** : mentionne le matériel nécessaire dans quelques-uns des jeux (branches, cailloux, foulards, coton).

– **Précisions** : propose des conseils sur la pratique du jeu (à quel moment de la journée l'effectuer, adapter le discours pour les enfants les plus âgés, détails techniques sur le déroulement, etc.)

– **Déroulement** : cite les différentes étapes du jeu en laissant une grande part à la verbalisation des explications. L'énoncé progressif et oral des consignes du jeu par l'adulte aux enfants est systématiquement indiqué en caractères gras. (Chacun restant libre de le personnaliser.)

Chaque geste est décrit précisément.

– **Variante** : propose une version différente du jeu ou son approfondissement.

L'index thématique

L'index thématique situé en fin d'ouvrage, pages 162-173, permet une utilisation ciblée, rapide et pratique du manuel en fonction des objectifs recherchés par l'utilisateur, tant au niveau physique que psychique.

Le DVD

Le DVD est un support complémentaire proposé à l'utilisateur du manuel. Il comporte les vidéos des jeux qui pourraient sembler plus complexes à effectuer. Ils ont été réalisés avec des enfants de classes maternelles ou élémentaires qui ont pratiqué la relaxation régulièrement en classe ou en atelier durant l'année scolaire de la réalisation de ce manuel.

Bonne relaxation à tous !

Je me déplisse

Public : Maternelle et élémentaire.

Lieu : Classe ou espace de relaxation.

Objectifs :
- Prendre conscience de son corps.
- Décontracter les muscles du visage et du corps.
- Relâcher les tensions.
- Retour au calme.

Accompagnement sonore :
Lorsqu'ils arrivent en atelier de relaxation, les enfants aiment être immédiatement « plongés dans l'ambiance »... Une musique douce et harmonieuse crée cette atmosphère de calme. (*Comptine d'un autre été* ou *Summer 78* – Yann Tiersen ; *Watermark* – Enya ; *Prélude de la 1re suite pour violoncelle seul* – Bach ; Debussy ; Satie ; Mozart ; musique utilisée dans la vidéo : *In memory of an angel* – Stéphane Polge)

Précisions : Ce jeu peut devenir le rituel idéal pour commencer une séance de relaxation. Il peut également permettre un bref moment de relâchement corporel entre deux activités qui demanderont de l'attention et de la concentration.

Déroulement

Les enfants sont assis (au sol ou sur une chaise), mains sur les cuisses. Ils ont le dos bien droit. Ceux qui le souhaitent peuvent fermer les yeux.

L'animateur les guide en effectuant les gestes :

- **On bâille en ouvrant bien la bouche. On ne met pas ses mains devant la bouche et on a le droit de faire du bruit en bâillant, mais sans crier.**
- **Avec ses doigts, on déplisse son front du haut vers le bas.** *(Lisser la peau en partant de la plante des cheveux et en descendant jusqu'aux sourcils.)* **et du milieu vers l'extérieur.** *(Lisser la peau en partant du milieu du front jusqu'aux tempes.)*
- **On gonfle ses joues et on les dégonfle en soufflant doucement avec la bouche.** *(Plusieurs fois.)*
- **On tourne doucement sa tête à droite** *(ou vers la fenêtre, la bibliothèque, le radiateur, etc. – toute chose située à droite).* **On tourne doucement sa tête à gauche. On replace sa tête de face.**
- **On fait des ronds très lentement avec sa tête.**

- **On souffle doucement et lentement, comme si on soufflait sur une bougie.**
- **On lève les épaules en rentrant le cou. On baisse les épaules, très bas, de plus en plus bas** *(3 fois)*.
- **On étire tout son corps en bâillant.**

L'eau

L'ÉTANG

LE LAC

LA RIVIÈRE

LA MER

Pieds nus !

Public : Maternelle et élémentaire.

Lieu : Espace de relaxation.

Objectifs :
- Mobiliser et détendre la voûte plantaire.
- Détendre le bassin.
- Équilibre.
- Contraction/décontraction.
- Automassage.

Déroulement

1er temps

Les enfants sont debout, jambes un peu écartées, bien stables sur le sol. L'animateur les guide en leur montrant et en leur expliquant :

• **On imagine que l'on est pieds nus au bord d'un étang. La vase, recouvre nos pieds… ce n'est pas sale ! C'est chaud et doux. On se sent bien fixé au sol…**

• **On se penche en avant doucement jusqu'à se retrouver sur la pointe des pieds.** *(Porter le poids du corps vers l'avant très lentement, en se mettant progressivement sur la pointe des pieds.)*

• **Puis on se laisse aller doucement en arrière jusqu'à se retrouver sur ses talons.** *(Porter le poids du corps vers l'arrière en prenant appui progressivement sur les talons. Alterner plusieurs fois ces deux positions.)*

• **On prend appui sur un seul pied à la fois en pliant la jambe opposée, comme le flamant rose ou le héron dans l'eau de l'étang.** *(Changer ensuite de pied.)*

2e temps

Les enfants sont assis sur les tapis.

• **On crispe un pied comme si on nous chatouillait !** *(Orteils recroquevillés vers la voûte plantaire.)*

• **Puis on relâche.** *(Relâcher la contraction progressivement. Alterner ces mouvements avec chaque pied puis les effectuer avec les deux pieds en même temps.)*

• **On écarte les orteils les uns des autres, on imagine que les pieds sont comme des palmes de canard bien écartées.** *(Garder cette position deux secondes puis relâcher.)*

• **Masser un pied après l'autre avec les mains.** *(Commencer à partir du milieu de la voûte plantaire et masser vers les côtés du pied, puis inversement.)*

La mouche

Public : Maternelle et élémentaire.

Lieu : Classe ou espace de relaxation.

Objectifs :
- Favoriser la concentration.
- Libérer l'énergie.
- Créativité.
- Mémoire.
- Expression corporelle et orale.
- Échauffer les cordes vocales.

Précisions : Ce jeu qui est également un moment de partage et d'échauffement des cordes vocales peut être effectué avant une séance de chant.

Déroulement

Les enfants sont debout. L'animateur les guide en effectuant les gestes (*vol avec les bras, sautillements, etc.*) et les sons (*faire le « Bzzz » correspondant à l'état demandé.*) :

- **Faire la mouche fatiguée.**
- **La mouche excitée.**
- **La mouche triste.**
- **La mouche joyeuse.**
- **La mouche peureuse.**
- **La mouche chanteuse.**
- **La mouche crâneuse.**
- **La mouche méchante.**
- **La mouche endormie.**

Variante

L'animateur peut enrichir le jeu en proposant à la fin :

- **Trouvez une mouche bien à vous et venez nous la montrer.** *(Ou, si les enfants n'osent pas ou n'ont pas d'idées :* « Maintenant, chacun d'entre vous va nous montrer sa petite mouche chanteuse. » *L'animateur donne un exemple.)*
- Chaque enfant vient à tour de rôle, faire une démonstration de sa mouche (ou d'une mouche chanteuse) devant le groupe.
- Le groupe reproduit chaque mouche au fur et à mesure.

Les bruits autour de l'étang

Public :	Maternelle et élémentaire.
Lieu :	Espace de relaxation.
Objectifs :	– Favoriser la concentration. Apprendre à canaliser son énergie. – Observation. – Opposition bruyant/silencieux. – Expression corporelle et orale.
Précisions :	Adapter le discours pour les enfants les plus âgés. Seuls les gestes et les actions sont décrits.

Déroulement

Les enfants sont debout. L'animateur les guide en effectuant les gestes et les sons :

- **Il y a du bruit autour de l'étang ! Les fleurs rigolent comme des petites folles.** *(Rire.)*
- **« Chut ! » dit Pabo, le crapaud pas rigolo.** *(L'animateur fait « chut » et pose son index contre ses lèvres.)*
- **Alors les fleurs rigolent en silence.** *(Mimer un rire silencieux.)*
- **Il y a du bruit dans l'étang ! Les poissons font la foire en battant des nageoires !** *(Taper dans ses mains.)*
- **« Chut ! » dit Pabo, le crapaud pas rigolo.** *(L'animateur fait « chut » et pose son index contre ses lèvres.)*
- **Alors les poissons battent des nageoires silencieusement.** *(Taper dans ses mains en silence.)*
- **Il y a du bruit sur l'étang ! Les canards font les ânes en trottant sur leurs palmes !** *(Trottiner sur place en canard en faisant « coin coin ».)*
- **« Chut ! » dit Pabo, le crapaud pas rigolo.** *(L'animateur fait « chut » et pose son index contre ses lèvres.)*
- **Alors les canards trottinent silencieusement.** *(Trottiner et mimer un canard en silence.)*
- **« C'est bien, dit Pabo, le crapaud pas rigolo et tout ramollo, au dodo ! » et tout doucement, il glisse dans l'eau.** *(Se laisser glisser au sol et rester un moment étendu en silence. L'animateur peut mettre de la musique pour favoriser le retour au calme.)*

Les salamandres

Public :	Maternelle et élémentaire.
Lieu :	Espace de relaxation.
Initiation au yoga	
Objectifs :	– Flexibilité – étirement. – Muscler et détendre le dos. – S'oxygéner – travail du souffle. – Mobiliser l'attention – retour au calme. – Favoriser l'endormissement.
Précisions :	Adapter le discours pour les enfants les plus âgés. Seuls les gestes sont décrits.

Déroulement

Les enfants sont étendus sur le dos, jambes tendues, légèrement écartées, bras au sol moyennement détachés du corps. (Position de départ)

L'animateur les guide en effectuant les mouvements :

• **Il fait beau, les salamandres prennent le soleil au bord de l'étang. Elles respirent calmement.** *(Les enfants inspirent et expirent avec le nez naturellement, comme s'ils étaient endormis.)*

• **Les salamandres vont se faire bronzer des deux côtés !**

• **Tout doucement, on plie les genoux vers soi. On respire. Puis on bascule ses jambes repliées du côté droit sur le sol. C'est la queue de la salamandre.** *(Pour les plus jeunes qui ne situent pas la droite et la gauche, on peut citer un élément présent dans la pièce pour les orienter : la porte, la fenêtre, le placard, etc. Veiller à ce que les enfants gardent les jambes jointes – jambe droite sous la jambe gauche. Le bassin bascule à droite. Les épaules restent au sol.)* **On souffle doucement.**

• **Puis on va calmement toucher son épaule gauche avec le menton.** *(Garder la position durant deux respirations.)*

• **En soufflant lentement, on revient à la position de départ.** *(Étendu sur le dos, jambes tendues, légèrement écartées, bras au sol moyennement détachés du corps.)*

• Recommencer l'enchaînement des mouvements de l'autre côté. *(Basculer les jambes pliées au sol du côté gauche, toucher l'épaule droite avec le menton.)*

Sautent grenouilles !

Public : Maternelle et élémentaire.

Lieu : Espace de relaxation.

Objectifs :
- Souplesse corporelle.
- Détendre les genoux et les chevilles.
- Libérer l'énergie.

Précisions : Ce jeu peut se doubler de sons : à chaque saut, les enfants-grenouilles peuvent pousser le cri de la grenouille !
Adapter le discours pour les enfants les plus âgés. Seuls les gestes sont décrits.

Déroulement

Les enfants sont accroupis, les bras entre les jambes écartées, les mains posées sur le sol. Au signal (« **On saute, les grenouilles !** »), les enfants-grenouilles sautent. L'animateur les guide en effectuant les gestes suivants :

• Les mains toujours posées au sol, effectuer de petits sauts en rebondissant sur les pieds.

• Alterner immobilité et sauts.

• Puis se relever progressivement en sentant toutes les articulations du corps mises en jeu (que l'animateur peut citer : chevilles, genoux, hanches, etc.). S'appuyer sur les mains et les pieds – les genoux peuvent être fléchis – pour se redresser lentement. Terminer debout, les bras le long du corps.

Sauterelles !

Public : Maternelle.

Lieu : Classe ou espace de relaxation.

Objectifs :
- Souplesse corporelle.
- Détendre les genoux et les chevilles.
- Dépenser son énergie.
- Retour au calme.
- Opposition mouvement/immobilité.

Précisions : Ce jeu se rapproche du précédent, mais peut s'accomplir en classe. La dépense d'énergie est plus instantanée et permet un rapide retour au calme entre deux activités.

Déroulement

Les enfants sont debout et espacés.

- Au signal de l'animateur (« **sauterelles !** »), les enfants sautent sur place. L'animateur compte les sauts à voix haute *(prévoir environ trois ou quatre sauts).*
- Au signal de l'animateur (« **Attention grenouilles !** »), les enfants-sauterelles ne sautent plus, deviennent immobiles et cachent leur visage derrière leurs mains (car les grenouilles mangent les sauterelles !).
- Au signal de l'animateur (« **sauterelles, tout doux !** »), les enfants-sauterelles sautent sur place le plus souplement possible en faisant le moins de bruit possible. L'animateur compte les sauts à voix haute *(prévoir environ cinq ou six sauts).*
- Au signal de l'animateur (« **Attention hérons !** »), les enfants-sauterelles ne sautent plus, deviennent immobiles et cachent leur visage derrière leurs mains (car les hérons mangent les sauterelles !).
- Recommencer le jeu si les enfants ont encore de l'énergie à dépenser !

Les bulles dans l'eau

Public : Maternelle et élémentaire.

Lieu : Classe ou espace de relaxation.

Objectifs :
- S'oxygéner – travail du souffle.
- Lâcher prise.
- Libérer les tensions – maîtriser l'agressivité.
- Retour au calme.

Précisions : L'animateur veillera à ce que les enfants inspirent et soufflent correctement (ils ont souvent tendance à prendre l'air trop rapidement et à souffler trop fort).
Après une grande agitation (ou une grosse colère !), ce petit jeu amusant ramène le calme et la sérénité !
Adapter le discours pour les enfants les plus âgés. Seuls les gestes sont décrits.

Déroulement

Les enfants sont assis. L'animateur les guide :

- **Soupalo, le crapaud, est excité, alors pour se calmer, il fait des bulles dans l'eau.**
- **Il commence par soupirer avec sa bouche.** *(Les enfants soupirent pendant que l'animateur compte jusqu'à trois sur un rythme ni rapide ni lent.)*
- **Maintenant, Soupalo le crapaud prend de l'air avec ses narines. Il sent l'air qui gonfle sa poitrine.** *(Les enfants inspirent lentement avec le nez.)*
- **Sans ouvrir la bouche, il gonfle les joues.** *(Les enfants gonflent leurs joues, bouche fermée.)*
- **Puis Soupalo fait des bulles dans l'eau en dégonflant ses joues.** *(Les enfants soufflent lentement en dégonflant leurs joues progressivement.)*
- Recommencer le jeu une ou deux fois.

Les libellules

Public : Maternelle et élémentaire.

Lieu : Espace de relaxation.

Initiation au yoga

Objectifs :
- Flexibilité – étirement du dos.
- S'oxygéner – travail du souffle.
- Imagination.
- Mobiliser l'attention – retour au calme.

Précisions : Adapter le discours pour les enfants les plus âgés. Seuls les gestes sont décrits.

Déroulement

Les enfants sont assis en tailleur, mains l'une dans l'autre.

L'animateur les guide en effectuant les mouvements :

• **Vous êtes de jolies petites libellules. Fermez les yeux en respirant calmement et imaginez votre couleur… peut-être êtes-vous des libellules, bleues, ou vertes, ou jaunes, ou…**

• **Les libellules ont envie d'aller se promener, alors elles ouvrent leurs ailes. Pour cela, elles posent leurs deux mains sur leur nuque (à l'arrière du cou) en croisant leurs doigts.** *(Position 2)*

• **Oh ! Un petit poisson de ce côté-ci ! Les libellules regardent le petit poisson : en soufflant doucement, elles penchent la tête et posent le coude gauche sur le genou droit.**

• **Les libellules battent des ailes. Elles se promènent en respirant tranquillement.** *(Revenir à la position 2.)*

• **Oh ! Un nénuphar de ce côté-là ! Les libellules regardent le joli nénuphar : en soufflant doucement, elles penchent la tête et posent le coude droit sur le genou gauche.**

• **Les libellules continuent à se promener et battent des ailes en respirant tranquillement.** *(Revenir à la position 2.)*

• Poursuivre les enchaînements d'un côté ou de l'autre (en gardant toujours les doigts croisés sur la nuque), en inventant ce que les libellules pourraient voir. Et… pourquoi ne pas demander aux libellules de dire tour à tour ce qu'elles voient ?

La respiration rafraîchissante

Public : Maternelle et élémentaire.

Lieu : Classe ou espace de relaxation.

Objectifs : – Mobiliser l'attention – retour au calme.
– S'oxygéner – travail du souffle.

Précisions : Adapter le discours pour les enfants les plus âgés. Seuls les gestes sont décrits. Après une grande agitation (ou une grosse colère !), ce petit jeu amusant ramène le calme et la sérénité !

Déroulement

Les enfants sont assis (ou couchés selon le lieu et l'envie !).
L'animateur les guide en effectuant les mouvements :

- **Le caméléon est excité, il est tout rouge ! Il veut redevenir calme et retrouver sa jolie couleur verte ! Nous allons faire comme lui pour nous calmer nous aussi !**
- **On respire calmement.**
- **On tire la langue !**
- **On enroule notre langue sur elle-même !**
- **On inspire (on prend l'air) en levant le menton.** *(Faire passer l'air sur la langue « enroulée ».)*
- **On relâche la langue et on expire (on souffle l'air) avec notre bouche, en baissant le menton.**
- **Est-ce que vous sentez comme l'air qui passe sur votre langue est frais ?**
- **On recommence ?**

La relaxation du pêcheur

Public : Maternelle et élémentaire.

Lieu : Classe ou espace de relaxation.

Objectifs :
- Flexibilité – étirement du dos.
- S'oxygéner – travail du souffle.
- Mobiliser l'attention – retour au calme.
- Détente mentale.

Précisions : Adapter le discours pour les enfants les plus âgés. Seuls les gestes sont décrits.

Déroulement

Les enfants sont assis sur une chaise (de préférence), le dos bien droit, les jambes légèrement espacées, les pieds parallèles bien à plat sur le sol et les mains posées sur les cuisses.

L'animateur les guide en effectuant les mouvements :

• **Le pêcheur en a assez ! Il attend depuis trois heures que les poissons lui rendent visite, mais les poissons sont sans doute partis chez leur mamie, car aucun n'est ici** !

• **Fermez les yeux en respirant calmement et imaginez ce pêcheur assis sur sa chaise. Autour de lui, les arbres et les oiseaux font une musique douce et joyeuse. Dans l'étang, les grenouilles jouent à saute-nénuphar ! Le pêcheur se détend peu à peu sur sa chaise en toile. On se détend avec lui ?**

• **On croise les doigts et, en gardant les doigts croisés, on lève lentement les bras, les paumes des mains dirigées vers le haut.**

• **On arrête de lever les bras quand ils sont** légèrement pliés, **mains entrelacées reposant presque sur la tête.** *(Position 1)*

• **On tend les bras plus haut** (coudes dépliés) **en soufflant l'air doucement.** *(Position 2)* **Puis on les replie.** *(Inspirer en revenant en position 1.)*

• Répéter trois fois en alternant position 1 et position 2.

Le réveil du campeur

Public :	Maternelle et élémentaire.
Lieu :	Espace de relaxation.
Objectifs :	– Prendre conscience de son corps. – Décontracter le visage. – Rassembler son énergie – se recentrer. – Écoute. – Travail du souffle – prendre conscience de sa respiration. – Relâcher les tensions – détente corporelle et mentale.
Précisions :	Faire ôter leurs lunettes aux enfants qui en portent. Adapter le discours pour les enfants les plus âgés. Seuls les gestes sont décrits.

Déroulement

Les enfants sont allongés sur le dos. Ceux qui le souhaitent ferment les yeux, mais ce n'est pas obligatoire, certains enfants étant réticents.

L'animateur plonge les enfants dans l'ambiance : « **Vous êtes des campeurs... hier, vous avez marché toute la journée dans les petits chemins de pierres. Puis, vous avez planté votre tente à côté d'un joli lac de montagne. Vous vous êtes enroulés dans vos couvertures et vous vous êtes endormis. Maintenant, c'est le matin, vous vous éveillez dans vos tentes, il ne fait ni trop chaud, ni trop froid. Vous entendez les oiseaux chanter.** Puis l'animateur les guide en effectuant les gestes :

- **Vous vous frottez les yeux doucement.** *(Commencer par les coins intérieurs – vers le nez – puis, masser les paupières et enfin les coins extérieurs – vers les tempes.)*
- **Vous bâillez trois fois de suite.** *(Compter à haute voix : un, deux et trois. Bâiller après chaque nombre.)*
- **Toujours couchés, vous étirez lentement les bras derrière votre tête.**
- **Puis, vous étirez lentement les jambes très loin devant vous.**
- **Vous réveillez votre ventre.** *(Faire le ventre « tout dur » en inspirant, puis « tout mou » en soufflant. En le contractant et en le relâchant.)*
- **Vous posez les mains sur votre ventre pour sentir votre respiration.** *(Faire environ trois respirations ventrales : faire le ventre « tout creux, tout maigre » en soufflant très doucement, comme pour faire trembler la flamme d'une bougie. Puis faire le « gros ventre » en inspirant avec le nez.)*
- **Lentement vous vous asseyez.**
- **Vous faites des ronds avec vos épaules en partant vers l'avant, le haut, vers l'arrière, puis en les rabaissant.**
- **Quand vous vous sentez prêts, vous vous levez calmement et vous vous étirez.**

La toilette du campeur

Public : Maternelle et élémentaire.

Lieu : Espace de relaxation.

Objectifs :
- Prendre conscience de son corps.
- Décontracter le visage – automassage.
- Coordonner ses mouvements.
- Rassembler son énergie – se recentrer.
- Relâcher les tensions – détente corporelle.

Précisions : Faire ôter leurs lunettes aux enfants qui en portent.
Ce jeu peut être consécutif au précédent (n° 12) « Le réveil du campeur ». (Dans ce cas, les enfants ne se lèveront pas à la fin du jeu n° 12, mais resteront assis.)

Déroulement

Les enfants sont assis au sol. L'animateur explique lentement, comme s'il racontait une histoire, en effectuant les gestes correspondants :

- **Vous êtes des campeurs, vous venez de vous réveiller, c'est le matin… Il fait chaud. Vous êtes assis au bord du lac… Vous allez faire votre toilette.**
- **Vous prenez de l'eau dans vos mains en coupe.**
- **Vous frottez lentement vos mains l'une contre l'autre, comme pour faire mousser du savon.**
- **Doucement, vous caressez votre visage avec vos deux mains pour vous rafraîchir.**
- **Vous vous lavez le visage :**
  - **Vous vous lavez le front**. *(Masser le front avec les deux mains en effectuant de petits mouvements circulaires.)*
  - **Vous vous lavez les joues**. *(Masser les joues avec les deux mains en effectuant de petits mouvements circulaires, puis tapoter légèrement.)*
  - **Vous vous lavez le menton**. *(Masser en faisant bouger le menton avec la paume de la main.)*
  - **Vous vous lavez le haut du nez et les sourcils.** *(Effectuer de petits massages circulaires entre les deux sourcils, puis suivre la ligne des sourcils avec les paumes.)*
  - **Vous vous lavez les cheveux.** *(Se masser doucement le crâne avec les doigts des deux mains.)*
- **Vous terminez votre toilette en lavant votre cou** *(se masser le cou)*, **puis vos bras** *(se masser les bras)*.
- **Vous secouez vos doigts dans tous les sens pour en faire tomber les gouttelettes d'eau** *(secouer les doigts)*.
- **Maintenant, vous êtes des campeurs tout propres !** *(Se lever calmement.)*

Petit cygne

Public :	Maternelle et élémentaire.
Lieu :	Classe ou espace de relaxation.
Objectifs :	– Souplesse corporelle. – Coordonner ses mouvements. – Détendre les épaules. – Dépenser son énergie.
Précisions :	Adapter le discours pour les enfants les plus âgés. Seuls les gestes sont décrits.

Déroulement

Les enfants sont debout. L'animateur les guide en effectuant les gestes :

- **Petit cygne fait le malin devant les canards !**
- **Il leur montre ses petites ailes.** *(Plier les bras et mettre la main gauche sur l'épaule gauche, la main droite sur l'épaule droite.)*
- **Et il roule de l'aile droite !** *(Effectuer lentement et sans forcer trois rotations vers l'avant avec le bras droit replié. Puis trois vers l'arrière.)*
- **Et il roule de l'aile gauche !** *(Mêmes gestes avec le bras gauche replié.)*
- **Puis il roule des deux ailes en même temps !** *(Réaliser les rotations lentement, avec les deux bras en même temps : d'abord vers l'avant puis vers l'arrière.)*
- **Les canards rigolent : nous aussi on sait faire, mais bien mieux que toi !** *(Mêmes jeux de rotation que lors des étapes précédentes, mais avec les bras non pliés, tendus à l'horizontale de chaque côté du corps, comme s'il s'agissait d'ailes.)*
- À la fin, les canards s'envolent loin, loin ! *(Mimer un bel envol – sur place ! – en battant des bras.)* **Petit cygne ne fait plus du tout le malin !**

Le pédalo

Public : Maternelle et élémentaire.

Lieu : Espace de relaxation.

Objectifs :
- Libérer l'énergie.
- Coordonner ses mouvements.
- Se concentrer.
- Retour au calme.
- Détendre les articulations des membres inférieurs.

Précisions : Ne pas demander aux enfants un effort intense trop long. Penser à les faire souffler (au sens propre !) de temps en temps au cours du jeu.

Déroulement

Les enfants sont étendus sur le dos. L'animateur leur explique qu'ils sont sur un pédalo. Suivant ses indications, les enfants pédaleront plus ou moins vite avec leurs jambes.

Vérifier que les enfants font un mouvement de pédalier et ne se contentent pas de lever et de descendre les jambes (mouvements de haut en bas).

Variante

Former des équipes de deux enfants. Chacun collera ses pieds à ceux de son coéquipier, (voûte plantaire contre voûte plantaire).

Ils pédaleront ensemble sans détacher leurs pieds.

Exercice relativement difficile, mais hilarant !

Bulle le poisson

Public : Maternelle et élémentaire.

Lieu : Espace de relaxation.

Objectifs :
- Détendre les mâchoires.
- Souplesse corporelle.
- Équilibre.
- Travail du souffle.
- Retour au calme.

Précisions : Adapter le discours pour les enfants plus âgés : « Bulle le poisson » devient tout simplement « le poisson ». Seuls les gestes sont décrits.

Déroulement

Les enfants sont debout. L'animateur les guide en effectuant les gestes :

- **Bulle, le poisson, nage dans le lac.** *(Bouger le corps en oscillant. Bras le long du corps, mimer le mouvement des nageoires avec les mains.)*
- **Bulle ouvre la bouche pour prendre de l'air.** *(Ouvrir et refermer rapidement la bouche. Trois fois.)*
- **Bulle veut faire de grosses bulles.** *(Ouvrir lentement la bouche en inspirant et la refermer progressivement en soufflant lentement. Trois fois.)*
- **Bulle veut manger une petite algue qui vogue dans les vagues.** *(Ouvrir la bouche lentement en inspirant, rester bouche ouverte deux secondes puis la refermer brusquement. Mâcher sans ouvrir la bouche, en respirant avec le nez et en écoutant le bruit des molaires qui se touchent.)*
- **Puis Bulle retourne nager au fond du lac.** *(Faire un tour sur soi-même. Puis bouger le corps en oscillant. Bras le long du corps, mimer le mouvement des nageoires avec les mains.)*

Les rameurs

Public :	Maternelle et élémentaire.
Lieu :	Classe ou espace de relaxation.
Objectifs :	– Maîtriser son énergie. – Organisation temporelle. – Favoriser la concentration. – Détendre les épaules. – Travail du souffle.
Matériel :	Un tambourin ou autre percussion (facultatif).

Déroulement

Les enfants sont assis. L'animateur les guide en effectuant les gestes et les sons :

• **Vous êtes dans une barque au milieu du lac. Vous ramez lentement.** *(L'animateur montre le geste à effectuer : ramer avec les deux bras, poings fermés comme si les mains tenaient des rames. Il rythme ensuite le mouvement lent des rameurs avec le tambourin ou en frappant dans ses mains.)*

• **Vous arrêtez de ramer et vous vous reposez un petit peu en soufflant trois fois lentement.** *(Souffler lentement trois fois en commençant par l'expiration.)*

• **Maintenant que vous êtes en forme, vous ramez vite !** *(L'animateur rythme le mouvement rapide des rameurs avec le tambourin ou en frappant dans ses mains.)* **Vous soufflez en rythme comme si vous faisiez un jogging !** *(L'animateur montre l'exemple du souffle qui accompagne le mouvement.)*

• **C'est fatigant, vous ramez moins vite !** *(L'animateur réduit progressivement le rythme de son tambourin ou de ses mains.)*

• **Puis vous ramez très doucement.** *(L'animateur rythme très lentement le mouvement des rameurs.)*

• **Vous ne ramez plus, vous respirez lentement trois fois.** *(Souffler en commençant par l'expiration.)*

La gymnastique du campeur

Public : Maternelle et élémentaire.

Lieu : Espace de relaxation.

Objectifs :
- Renforcer les muscles du dos et des abdominaux.
- Stabiliser le tronc.
- Flexibilité – étirement.

Déroulement

Les enfants sont à genoux, assis sur leurs talons, mains posées sur le dessus des cuisses, dos et tête bien droits. L'animateur les guide en effectuant les gestes :

• **Les campeurs partent en randonnée aujourd'hui. Ils vont porter leur sac à dos toute la journée et ils vont beaucoup marcher. ils font leur petite gymnastique pour préparer leurs muscles et ne pas avoir mal au dos. Vous la faites avec eux ?**

• **On se met à quatre pattes, les mains et les genoux au sol.**

• Position 1 : **On tend le bras droit vers l'avant et en même temps, la jambe gauche vers l'arrière.** *(Le corps doit être complètement aligné : bras tendu, tête, dos, fesses, jambe tendue. Attention de ne pas creuser les reins et de ne pas lever bras et jambe trop haut. Garder la position trois secondes.)*

• **On repose le bras et la jambe au sol.** *(On se remet à quatre pattes.)*

• Position 2 : **On tend le bras gauche vers l'avant et en même temps, la jambe droite vers l'arrière.** *(Mêmes consignes que pour la position 1.)*

• Alterner plusieurs fois les positions 1 et 2 en respirant calmement.

L'escargot

Public : Maternelle et élémentaire.

Lieu : Espace de relaxation.

Objectifs :
- Étirer et détendre les hanches et le dos.
- Flexibilité – souplesse corporelle.
- Relâcher les tensions – détente corporelle.
- Se recentrer. Rassembler l'énergie.

Précisions : Adapter le discours pour les enfants les plus âgés. Seuls les gestes sont décrits.

Déroulement

Les enfants sont étendus sur le dos, jambes au sol, bras le long du corps. L'animateur les guide en effectuant les gestes et les sons :

- **Comme un escargot, on va tout doucement s'enrouler en respirant normalement, calmement.**
- **On amène un genou sur la poitrine.**
- **On amène l'autre genou sur la poitrine.** *(Enroulement des hanches.)*
- **On enserre ses genoux repliés sur la poitrine avec ses bras.**
- **La tête vient toucher les genoux, on est enroulé comme un escargot dans sa coquille !** *(Garder la position quelques secondes.)*
- **Il pleut sur le lac, l'escargot est heureux, il se déroule doucement !** *(Effectuer les mouvements dans le sens contraire à l'enchaînement précédent : lâcher les genoux – les bras reviennent de chaque côté du corps, la tête se pose lentement au sol. Déplier les genoux un à un en étendant lentement les jambes devant soi. Respirer ensuite calmement et profondément.)*

Pattes palmées

Public : Maternelle et élémentaire.

Lieu : Classe ou espace de relaxation.

Objectifs :
- Relaxer les doigts et les poignets.
- Contraction – décontraction.
- Flexibilité – souplesse corporelle.
- Relâcher les tensions – détente corporelle.

Matériel : Un élastique par enfant. (Élastiques de la taille de la largeur d'une main d'enfant au niveau de la première articulation, doigts joints. Les élastiques de taille moyenne prévus pour attacher les cheveux conviennent parfaitement car ils restent souples et ne pincent pas la peau.)

Précisions : Adapter le discours pour les enfants les plus âgés. Seuls les gestes sont décrits. Si les enfants sont trop nombreux, le travail avec l'élastique peut s'avérer trop long à mettre en place. Dans ce cas, ne pas le prévoir et passer directement au mouvement suivant.

Déroulement

Les enfants sont assis. L'animateur les guide en effectuant les gestes :

- **Avant d'aller nager, les canards échauffent leurs palmes ! Nous allons nous amuser avec nos mains comme si elles étaient les palmes d'un canard.**
- **On joint les deux mains** *(en prière : paume contre paume, doigts tendus contre doigts tendus)* **et on relève les coudes jusqu'au niveau de l'axe des épaules.** *(Les mains doivent être à angle droit des avant-bras.)*
- **On presse les paumes l'une contre elle fortement en comptant jusqu'à trois.**
- **On sépare ses mains et on tourne doucement le poignet droit dans un sens, puis dans l'autre.** *(Faire de même avec l'autre poignet.)*
- **On joint entre eux les doigts tendus de la main droite et on place l'élastique.** *(L'animateur – ou l'enfant pour les plus âgés – place l'élastique sur l'ensemble des doigts joints – hormis le pouce.)* **On essaie d'écarter ses doigts malgré l'élastique qui nous serre !** *(Opposer une résistance à l'élastique en écartant les doigts lentement.)*
- **Puis on resserre les doigts.** *(Recommencer une ou deux fois puis passer à l'autre main.)*
- **On ferme sa main droite en poing, on serre fort, et on l'ouvre vite !** *(Trois fois, puis passer à l'autre main.)*
- **Les petites palmes sont prêtes à nager, on les secoue** *(secouer les deux mains)* **et on nage !** *(Faire un mouvement de brassage, comme des pattes palmées qui battent l'eau d'avant en arrière.)*

Le sommeil du campeur

Public : Maternelle et élémentaire.

Lieu : Espace de relaxation.

Objectifs :
- Prendre conscience de son corps.
- Travail du souffle – prendre conscience de sa respiration.
- Relâcher les tensions – Détente mentale et corporelle.
- Se recentrer – lâcher prise.
- Retour au calme.
- Favoriser l'endormissement grâce à la respiration.

Accompagnement sonore :
Musique très douce. (*Rêverie* – Schumann ; *Berceuse in D flat Op. 57* – Chopin)

Déroulement

Les enfants sont étendus.

L'animateur explique en effectuant les gestes :

- **Vous êtes de petits campeurs, vous avez passé une bonne journée. Vous avez pêché, pique-niqué, vous vous êtes bien promenés ! La nuit tombe sur le lac. Vous entrez dans votre tente, vous avez envie de dormir…**
- **Vous fermez les yeux.** *(Certains enfants sont réticents à l'idée de fermer les yeux. En ce cas, ne pas insister.)*
- L'animateur raconte le texte suivant d'une voix feutrée en incluant des temps de silence (matérialisés par une barre (/) entre les différentes actions, de manière à ce que les enfants ressentent bien ce qui est demandé : **Vous sentez l'arrière de votre tête contre le sol / Vous sentez vos épaules qui reposent par terre / votre dos / vos bras / vos fesses / Puis vous sentez vos jambes qui se détendent, qui deviennent lourdes, lourdes / vos pieds sont « tout mous » / Vous sentez tout votre corps étendu sur le sol. De plus en plus « mou », de plus en plus lourd.**
- **Vous vous relâchez bien. Vous vous faites bien mous, bien lourds, mais sans forcer. Comme si vous vouliez vous enfoncer très doucement et lentement dans le sol.**
- **Vous vous sentez calmes. Vous posez vos mains sur votre ventre.**
- **Vous prenez de l'air avec le nez lentement. On doit entendre le bruit de l'air qui entre dans vos narines.**
- **Vous soufflez l'air avec la bouche lentement. On doit entendre l'air qui sort de votre bouche.** *(Recommencer plusieurs fois.)*
- **Vous continuez à respirer profondément, mais plus lentement encore et sans bruit.**
- **Vous pouvez vous tourner sur le ventre ou vous mettre de côté. Choisissez une position qui vous convient, fermez les yeux, laissez-vous aller / Respirez calmement et écoutez la musique douce.**

Le petit Indien que l'eau endort

Public : Maternelle et élémentaire.

Lieu : Espace de relaxation.

Objectifs :
- Détente corporelle et mentale.
- Relâcher les tensions – lâcher prise.
- Libérer l'énergie.
- Favoriser le retour au calme ou l'endormissement.

Précisions : Pour les enfants les plus âgés, adapter le discours. « Le petit Indien » devient « l'Indien »… Seuls les gestes sont décrits.

Accompagnement sonore :
Choisir une musique calme, évoquant l'eau. (*Nocturne «Gouttes d'eau»* – Chopin ; *Jeu d'eau* – Ravel ; *Waltz on the Branches* – Alizbar ; *Harp of the Nymphs* – Michael Free ; *The little Fountain* – Samuelo Pratt ; musique utilisée dans la vidéo : *Cinq secondes* – Stéphane Polge)

Déroulement

Les enfants sont debout. L'animateur les guide en effectuant les gestes :

• **Les petits Indiens ont construit leur campement au bord de la rivière. Ils sont contents ! Ils font la danse de la joie.** *(Tourner sur soi-même en poussant des cris d'Indiens.)*

• **Il est tard, ils sont fatigués car ils ont beaucoup travaillé et beaucoup dansé ! Alors ils s'assoient en tailleur autour du feu et ils écoutent l'eau de la rivière couler.** *(S'asseoir en tailleur.)*

Mettre la musique.

• **L'eau coule et les petits Indiens l'écoutent. Ils sentent leurs paupières devenir lourdes, lourdes, lourdes… leur tête devient lourde elle aussi, elle s'incline doucement en avant.** *(Faire les gestes en rapport avec ce qui est décrit.)*

• **Plus l'eau coule, plus les yeux des petits Indiens se ferment, plus leur tête s'incline.** *(Faire les gestes en rapport avec ce qui est décrit.)*

• **L'eau coule doucement, elle les berce, comme une chansonnette de nuit. Les petits Indiens s'étendent lentement et s'endorment en écoutant la berceuse de l'eau.** *(Faire les gestes en rapport avec ce qui est décrit.)*

• Laisser les enfants se détendre en écoutant la musique.

Dans la rivière

Public : Maternelle et élémentaire.

Lieu : Classe ou espace de relaxation.

Objectifs :
- Jeux de doigts.
- Détendre les poignets et les bras.
- Rassembler l'énergie.
- Décontracter les muscles.
- Relâcher les tensions – détente corporelle.

Accompagnement sonore :
Choisir une musique calme, évoquant l'eau. (*Nocturne « Gouttes d'eau »* – Chopin ; *Jeu d'eau* – Ravel ; *Waltz on the Branches* – Alizbar ; *Harp of the Nymphs* – Michael Free ; *The little Fountain* – Samuelo Pratt ; etc.)

Précisions : Ce jeu est particulièrement conseillé pour les enfants fatigués par une longue page d'écriture (ou par le maniement intensif de manettes de jeux vidéo !). Pour calmer la nervosité et permettre la transition vers une autre activité en retrouvant souplesse et sérénité.
Adapter le discours pour les enfants les plus âgés. Seuls les gestes sont décrits.

Déroulement

Les enfants sont assis, les mains sur les cuisses. L'animateur les guide en faisant les mouvements suivants :

- **Imaginez que vos doigts sont des petits poissons qui s'éveillent tout doucement dans la rivière.** *(Bouger les doigts d'une main en tous sens. Puis de l'autre main. Enfin, des deux mains.)*
- **Puis le courant de la rivière emporte les petits poissons qui nagent joyeusement !** *(Continuer à bouger les doigts des deux mains en faisant des mouvements de vagues avec les poignets, puis avec les poignets et les bras.)*
- **Maintenant, imaginez que vos poings sont de petits cailloux blancs dans la rivière qui les brasse doucement.** *(Fermer une main en poing et effectuer de petites rotations du poignet, poing fermé. Faire de même avec l'autre main, puis les deux mains ensemble.)*
- **Le courant de la rivière emporte les petits cailloux blancs qui roulent joyeusement.** *(Continuer les petites rotations du poignet en maintenant les deux poings fermés puis effectuer des mouvements de moulin avec les bras.)*
- Recommencer le jeu une ou deux fois.

23 Le son de sa rivière

Public : Maternelle et élémentaire.

Lieu : Classe ou espace de relaxation.

Objectifs :
- Détente générale par l'expression orale, le chant et l'expression corporelle.
- Laisser libre cours à l'imagination et aux émotions intérieures.
- Prendre confiance en soi.
- Écouter l'autre.

Précisions : Ne pas utiliser de musique ou de fond sonore pour favoriser la concentration des enfants.

Déroulement

Les enfants sont assis.

• Dans un premier temps, l'animateur demande à chacun de fermer les yeux et d'imaginer qu'une rivière coule à l'intérieur de lui-même. Elle peut être triste ou joyeuse, calme ou agitée : cette rivière intérieure est comme chacun le souhaite et la ressent.

• Dans un second temps, chaque enfant fera entendre aux autres le « bruit » ou le « chant » de sa propre rivière. S'il le souhaite, il pourra s'accompagner de gestes.

La cascade dans le dos

Public : Maternelle et élémentaire.

Lieu : Espace de relaxation.

Objectifs : – Canaliser l'énergie – mobiliser l'attention.
– Flexibilité – étirement corporel.

Matériel : Cinq boules de coton par enfant + un petit cerceau (ou seau, corbeille, ou tout autre récipient).

Accompagnement sonore :
Une musique vive, mais pas excitante. (*Les Quatre saisons, L'été : presto* – Vivaldi ; musique utilisée dans la vidéo : *Naïve 1* – Stéphane Polge)

Précisions : Adapter le discours pour les enfants les plus âgés. Seuls les gestes sont décrits.

Déroulement

Les enfants sont debout. Chaque enfant a devant lui plusieurs boules de coton.
L'animateur les guide en effectuant les mouvements :

• **Vous êtes une jolie rivière d'eau claire. Vous coulez toute la journée et c'est comme si vous dansiez dans la nature.** *(En restant sur place, bouger le corps lentement en suivant la musique, au gré de son envie, d'une manière harmonieuse.)*

• **Vos bras font couler une cascade dans votre dos.** *(Agiter les bras lentement d'avant en arrière de chaque côté de la tête, comme pour envoyer de l'eau loin derrière les épaules.)*

• **Votre rivière est tellement belle que les petits poissons rêvent de glisser dans la cascade derrière votre dos.**

• **Vous prenez un petit poisson dans une main et vous l'envoyez nager dans votre cascade.** *(Se pencher lentement. Prendre une boule de coton au sol et, d'un mouvement doux, redresser le corps, puis le bras, pour laisser tomber la boule de ouate derrière le dos. On ne doit pas la sentir effleurer le dos.)* **Nage petit poisson !**

• Recommencer ces mouvements en changeant de main, jusqu'à ce que les enfants aient utilisé toutes leurs boules de coton.

Variante

Ajouter le cerceau (ou récipient) derrière chaque enfant, à l'endroit où les boules de coton sont censées tomber sans lui toucher le dos. À la fin de l'activité, regarder ensuite dans le cerceau combien il y a de « petits poissons ». Pour les plus jeunes, on peut compter lentement les « poissons » de chacun.

À contre courant !

Public : Maternelle et élémentaire.

Lieu : Espace de relaxation.

Objectifs :
- Rassembler et maîtriser son énergie.
- Coordonner ses mouvements.
- Souplesse corporelle.
- Détendre les bras et les jambes.
- Relâcher les muscles.

Accompagnement sonore :
Choisir une musique calme, évoquant l'eau. (*Nocturne « Gouttes d'eau »* – Chopin ; *Jeu d'eau* – Ravel ; *Waltz on the Branches* – Alizbar ; *Harp of the Nymphs* – Michael Free ; *The little Fountain* – Samuelo Pratt ; etc.)

Déroulement

Les enfants sont couchés, bras un peu écartés du corps, jambes tendues. L'animateur les guide en effectuant les mouvements :

• **Imaginez que vous êtes étendus sur l'eau d'une rivière. Vous flottez car vous êtes plus légers qu'une branche.** *(Laisser les enfants écouter quelques instants la musique. Décrire éventuellement le paysage, le corps qui se laisse entraîner par le courant tranquille de la rivière.)*

• **Maintenant, vous décidez de nager doucement en bougeant vos jambes. Vous allez contre le courant qui n'est pas très fort.** *(Effectuer des mouvements de flexion/extension avec les deux jambes serrées. Lentement, comme au ralenti.)*

• **Puis, tout aussi doucement, vous nagez avec vos bras.** (*S'asseoir et effectuer des mouvements lents de brasse en commençant par projeter les deux mains jointes en avant, puis en écartant bras et mains vers l'extérieur avant de recommencer.)*

Les courants contraires

Public : Maternelle et élémentaire.

Lieu : Espace de relaxation.

Objectifs :
- Coordonner ses mouvements.
- Équilibre.
- Détente mentale.
- Favoriser la concentration.
- Expression corporelle.

Précisions : Les mouvements sont exécutés très lentement et avec soin.

Déroulement

Les enfants sont debout, bien stables sur le sol, bras le long du corps. L'animateur les guide en effectuant les gestes :

- **Dans la rivière, l'eau coule vite, vite ! Le courant soulève votre genou gauche…** *(Lever le genou gauche.)*
- **Et il emmène votre main droite dessus !** *(Toucher le genou gauche levé avec la main droite. Garder la position deux, trois secondes, puis revenir à la position de départ – debout, bien stable sur le sol, bras le long du corps.)*
- **Maintenant, le courant de la rivière soulève votre genou droit et emmène votre main gauche dessus.** *(Reproduire ce mouvement, puis expirer lentement avec la bouche.)*
- **Puis le courant pousse votre tête vers l'avant…** *(Pencher lentement la tête en avant.)*
- **Et emmène vos mains sur votre ventre !** *(Poser les deux paumes à plat sur son ventre en gardant la tête penchée en avant, puis expirer lentement avec la bouche.)*
- **Le courant pousse votre tête vers l'arrière…** *(Basculer lentement la tête en arrière.)*
- **Et emmène vos mains dans votre dos !** *(Toucher le bas du dos avec les deux paumes en gardant la tête* légèrement *inclinée vers l'arrière, puis expirer lentement avec la bouche.)*
- **Le courant pousse votre corps à gauche…** *(Adapter le discours pour les plus jeunes : « vers la fenêtre, le mur, etc. » Incliner lentement le buste vers la gauche – en ne décollant pas les pieds du sol.)*
- **Et lève votre bras droit !** *(Adapter le discours pour les plus jeunes.) (Lever le bras droit à l'horizontale, tout en gardant le buste incliné vers la gauche. Revenir à la position de départ. Expirer lentement avec la bouche.)*
- **Maintenant, le courant pousse votre corps à droite…** *(Incliner lentement le buste vers la droite – en ne décollant pas les pieds du sol.)*
- **Et lève votre bras gauche !** *(Lever le bras gauche à l'horizontale, tout en gardant le buste incliné vers la droite. Revenir à la position de départ. Expirer lentement avec la bouche.)*

Le pêcheur

Public : Maternelle et élémentaire.

Lieu : Espace de relaxation.

Objectifs :
- Favoriser la concentration – mobiliser l'attention.
- Travail du souffle.
- Expression corporelle.
- Imagination – improvisation.

Déroulement

Les enfants sont debout. L'animateur les guide en effectuant les gestes :

• **Le pêcheur est au bord de la rivière. Il regarde l'eau couler.** *(Pencher le corps légèrement vers l'avant, mains croisées dans le dos et tourner la tête lentement d'un côté à l'autre – comme si l'on regardait de l'eau couler.)*

• **Le pêcheur tient sa canne à pêche.** *(Faire mine de tenir une canne à pêche.)*

• **Le pêcheur lance son hameçon dans l'eau.** *(Faire mine de lancer une ligne dans l'eau – Pour rendre le jeu plus ludique, on peut accompagner le lancer d'une petite onomatopée :* « **Pfuit !** », « **Zip !** »*)*

• **Le pêcheur attrape un petit poisson** *(Faire mine d'attraper un petit poisson.)* **et le dépose dans son seau.** *(Mimer.)*

• **Le pêcheur lance de nouveau son hameçon dans l'eau.** *(Mimer comme précédemment.)*

• **Le pêcheur attrape un poisson de taille moyenne** *(Faire mine d'attraper un poisson un peu plus gros – adapter le mouvement qui s'amplifie par rapport au mime précédent. Adapter également le souffle qui augmente en intensité.)* **et le dépose dans son seau.** *(Mimer.)*

• **Le pêcheur lance de nouveau son hameçon dans l'eau.** *(Mimer comme précédemment.)*

• **Le pêcheur attrape un gros poisson** *(Comme dans le mime précédent, adapter mouvement et souffle à la situation qui s'amplifie.)* **et le dépose dans son seau.** *(Mimer.)*

• **Le pêcheur regarde les poissons nager dans son seau.** Le petit *(Faire le petit poisson avec sa bouche)*, le moyen *(faire le moyen poisson avec sa bouche)* et le gros *(faire le gros poisson avec sa bouche)*.

• **Le pêcheur relâche ses poissons dans la rivière.** *(Faire mine de prendre le seau et de le verser dans l'eau. Pour rendre le jeu ludique, ajouter une onomatopée :* « **Pchhh** ».*)*

• **Le pêcheur est épuisé, il glisse doucement dans l'herbe et il s'endort.** *(Relâcher totalement le corps, se laisser glisser très lentement au sol. Fermer les yeux. Respirer lentement et régulièrement.)*

Comme si

Public : Maternelle et élémentaire.

Lieu : Espace de relaxation.

Objectifs :
- Être à l'écoute de son corps.
- Libérer l'énergie.
- Détente musculaire.
- Expression corporelle.
- Imagination.

Précisions : L'animateur peut guider les enfants en effectuant ou non les mouvements. Dans ce jeu, chacun choisit librement les gestes qu'il souhaite faire en fonction de ce qui est demandé, il ne s'agit pas de copier ceux de l'animateur. Si les enfants n'ont pas d'idée, l'animateur peut leur suggérer d'utiliser telle ou telle autre partie de leur corps, au sol ou en restant debout.

Déroulement

Les enfants sont au sol ou debout (à leur convenance) et détendus. L'animateur les guide :

- **C'est comme si vous étiez une petite rivière très douce, vive, mais pas trop.** *(Les enfants miment une petite rivière.)*
- **C'est comme si vous étiez un petit caillou dans le lit de la rivière.** *(Les enfants miment un petit caillou roulé par le courant. Les gestes peuvent être effectués avec les mains, le corps tout entier, au sol ou debout…)*
- **C'est comme si vous étiez une petite branche emportée par la rivière.** *(Les enfants miment librement une petite branche emportée par le courant.)*
- **C'est comme si vous étiez un petit poisson dans l'eau.** *(Les enfants miment un petit poisson qui nage.)*
- **On souffle lentement sur l'eau de la rivière pour lui donner des frissons.** *(Souffler lentement avec la bouche.)*
- **Maintenant, mettez-vous calmement debout. C'est comme si vous entriez tout doucement dans l'eau de la rivière. Vous sentez l'eau fraîche sur vos orteils ? Vous entrez dans l'eau. Des petits cailloux vous chatouillent les pieds, une petite branche vous chatouille le ventre. Un petit poisson vous chatouille le cou.** *(Les enfants miment au fur et à mesure.)*
- **Un, deux, trois, Zou ! Vous mettez la tête sous l'eau !** *(Les enfants inspirent profondément avec leur bouche et s'accroupissent progressivement en soufflant lentement.)*
- **Un, deux, trois, Zou ! Vous sortez la tête de l'eau et vous éclaboussez !** *(Les enfants inspirent profondément avec leur bouche et se redressent vivement en levant les bras et en soufflant. Puis ils éclaboussent – et se défoulent !)*

Les ponts

Public : Maternelle et élémentaire.

Lieu : Espace de relaxation.

Objectifs :
- Être à l'écoute de son corps.
- Rassembler l'énergie.
- Détente musculaire.
- Expression corporelle.
- Imagination.

Précisions : Comme dans le jeu précédent, les gestes qui miment sont libres, chacun laissant libre cours à son imagination.
Adapter le discours pour les enfants les plus âgés. Seuls les gestes peuvent être décrits.

Déroulement

Les enfants sont assis. L'animateur les guide :

• **Devant vous, il y a une petite rivière, les fourmis veulent la franchir, mais elles n'osent pas ! Et si vous leur fabriquiez un pont avec vos doigts ?** *(Les enfants miment librement un pont avec leurs mains.)*

• **Maintenant, ce sont les lapins qui veulent franchir la rivière ! Vous leur fabriquez un pont un peu plus gros ?** *(Les enfants miment librement un pont plus important – avec leurs jambes, par exemple.)*

• **Et voici des biches qui veulent franchir la rivière ! Il leur faut un pont encore plus grand et plus solide !** *(Les enfants inventent un pont encore plus vaste – par exemple, en utilisant leur corps tout entier.)*

• L'animateur nomme de nouveau chaque pont tour à tour (**pont à fourmis, pont à lapins, pont à biches**) et les enfants reproduisent leurs ponts.

Sur la plage

Public : Maternelle.

Lieu : Espace de relaxation.

Objectifs :
- Libérer progressivement l'énergie.
- Souplesse corporelle.
- Se concentrer.
- Mémoriser, se familiariser avec les chiffres (pour les plus jeunes).

Déroulement

Les enfants sont debout. L'animateur les guide en faisant les mouvements suivants :

- **Vous êtes sur la plage, le soleil brille et vous chantez une comptine en faisant de la gymnastique.**
- **1, 2, clignez les yeux.** *(Montrer les yeux avec le doigt, puis les cligner.)*
- **3, 4, à quatre pattes.** *(Se mettre à quatre pattes.)*
- **5, 6, sur les fesses.** *(S'asseoir.)*
- **7, 8, comme une huître.** *(Assis en tailleur, tendre les bras vers l'avant en courbant le dos. Dos rond, tête rentrée.)*
- **9, 10, l'écrevisse.** *(Rouler sur le côté et se recroqueviller en demi-lune.)*
- **11, 12, plus rien ne bouge.** *(S'allonger sur le dos. Fermer les yeux. Expirer l'air lentement avec la bouche.)*

La danse des îles

Public : Maternelle et élémentaire.

Lieu : Espace de relaxation.

Objectifs :
- Détente du bassin.
- Souplesse corporelle.
- Libérer l'énergie.

Accompagnement sonore :
Une musique des îles !

Déroulement

Les enfants sont debout, pieds écartés, bien stables sur le sol. Les mains sont posées sur les hanches pour bien contrôler les mouvements. L'animateur les guide en effectuant et en décrivant les mouvements suivants :

- **On bascule le bassin de gauche à droite en gardant le haut du corps fixe.** *(Il n'y a que le bassin qui s'anime, le haut du corps et les jambes bougent le moins possible.)*
- **De la même façon, on bascule le bassin d'avant en arrière.**
- **Maintenant on tourne le bassin !** *(Effectuer quelques rotations du bassin en reprenant les consignes ci-dessus. Seul le bassin bouge.)*
- **On fait des huit horizontaux avec le bassin.** *(Seul le bassin bouge.)*

Les dauphins

Public : Maternelle et élémentaire.

Lieu : Espace de relaxation.

Initiation au yoga

Objectifs :
- Mobiliser l'attention – retour au calme.
- S'oxygéner – travail du souffle.
- Développer le sens de l'équilibre.
- Flexibilité – étirement.

Accompagnement sonore :
Choisir une musique avec des sons aquatiques, de vagues, d'animaux marins, etc. (Le générique du film *Le Grand Bleu* – Éric Serra ; *Theme from Antarctica, Fields Of Coral* – Vangelis ; musique utilisée dans la vidéo : *Odette 2* – Séphane Polge)

Déroulement

Les enfants sont à genoux au sol. Assis sur les talons et le dos bien droit. Regard dirigé au sol devant eux. *(Position de départ.)*

L'animateur les guide en effectuant les mouvements :

• **Les dauphins ont envie de plonger dans les vagues. Ils se préparent à plonger.** *(Se mettre à quatre pattes, tête dans le prolongement de la colonne vertébrale – diriger le regard vers le sol devant soi. Rentrer les orteils. Poser les avant-bras au sol.)* **Ils respirent calmement.**

• **Les dauphins plongent.** *(En gardant orteils et avant-bras au sol, relever le bassin « en équerre ».)* **Soufflez lentement.**

• **Les dauphins reviennent calmement** à la position de départ. *(Descendre le bassin. Déplier les orteils. Redresser les avant-bras pour retrouver la position « quatre pattes ». Redresser le corps lentement de manière à être de nouveau à genoux au sol, assis sur les talons et dos bien droit.)*

• **Les dauphins ferment les yeux et se reposent un petit moment sans bouger, en se laissant aller dans les vagues et en écoutant la musique.** *(Rester immobile en respirant lentement et naturellement.)*

La petite algue

Public : Maternelle et élémentaire.

Lieu : Espace de relaxation.

Objectifs :
- Mobiliser l'attention.
- Détente corporelle – souplesse corporelle.
- Laisser libre cours à son imagination.
- Expression corporelle.

Accompagnement sonore :
Choisir une musique avec des sons aquatiques, doux et dansants. (*La Source, op. 44* – Alphonse Hasselmans ; musique utilisée dans la vidéo : *Cinq secondes* – Stéphane Polge)

Précisions : Adapter le discours pour les enfants les plus âgés. Seuls les gestes sont décrits.

Déroulement

Les enfants sont debout.

L'animateur les guide en effectuant les mouvements :

• **Vous êtes chacun une petite algue dans la mer. Vous bougez dans l'eau, tout votre corps se laisse aller, vous suivez la musique… vous êtes une petite algue qui danse.** *(Effectuer librement des mouvements fluides, doux, en ondulant de la tête aux pieds.)*

• **Quand la musique diminue, devient légère comme une berceuse, la petite algue se laisse doucement glisser sur le sable et s'endort.** *(Baisser progressivement le volume de la musique et se laisser souplement et lentement glisser au sol puis fermer les yeux et ne plus bouger.)*

• **Puis, quand la musique devient de nouveau plus forte** *(remonter progressivement le volume de la musique)*, **la petite algue se réveille** *(ouvrir les yeux, s'asseoir)*, **elle se redresse** *(se lever)*, **et elle danse de nouveau dans les vagues** *(Onduler harmonieusement et chacun à son rythme sur la musique).*

Comptine d'été

Public :	Maternelle et élémentaire.
Lieu :	Classe ou espace de relaxation.
Objectifs :	– Échauffement des cordes vocales. – Détente corporelle. – Rassembler l'énergie. – Mobiliser l'attention.
Précisions :	Jeu conseillé le matin, pour débuter la journée en collectivité.

Déroulement

Les enfants sont debout. L'animateur leur dit la comptine :

- **Ffff… ffff…**
  Voici le vent d'été.
  Qui pousse les poissons à nager !
  Et yop sur une vague bleutée !
  Et youp sur une vague dorée !
  Et yep sur une violette !
  Et yip sur une vague verte !
  Ooooh… une étoile de mer se pose sur mon doigt !
  Dimdoudoumdoudoum, sur ma main, elle fait son p'tit chemin…
  1, 2, 3… fiouuu… envole toi !

Puis, l'animateur les guide en s'accompagnant de gestes :

- **Ffff… ffff…** *(Commencer par l'expiration du ffff, puis laisser l'air entrer naturellement dans les poumons pour mettre en place le bon geste respiratoire.)*
- **Voici le vent d'été.**
- **Qui pousse les poissons à nager !** *(Détente corporelle : faire le geste de nager avec les bras et les mains.)*
- **Et yop sur une vague bleutée !** *(Sauter les bras en l'air, ou s'accroupir puis se relever…)*
- **Et youp sur une vague dorée !** *(Reproduire le mouvement précédent.)*
- **Et yep sur une violette !** *(Reproduire le mouvement précédent.)*
- **Et yip sur une vague verte !** *(Reproduire le mouvement précédent.)*
- **Ooooh… une étoile de mer se pose sur mon doigt !** *(Échauffement vocal sur le « o ».)*
- **Dimdoudoumdoudoum, sur ma main, elle fait son p'tit chemin…** *(Échauffement vocal et articulation + mimer l'étoile qui se promène sur la main.)*
- **1, 2, 3… fiouuu… envole-toi !** *(Étirer le corps vers le haut, bras tendus, tête légèrement renversée vers l'arrière.)*

Tortue tournis

Public :	Maternelle et élémentaire.
Lieu :	Classe ou espace de relaxation.
Objectifs :	– Souplesse corporelle. – Détendre le cou. – Relâcher les tensions. – Retour au calme.
Précisions :	Adapter le discours pour les enfants les plus âgés. « Petite tortue » devient « dame tortue », « la tortue », ou seuls les gestes sont décrits.

Déroulement

Les enfants sont assis. Veiller à ce qu'ils se tiennent le dos bien droit. L'animateur les guide en effectuant les gestes :

- **Petite tortue sort de son trou dans le sable. La mouette plane au-dessus d'elle. Vas-tu marcher sur la plage, petite tortue ? Non, non, non, car la mouette t'a vue !** *(Faire non avec la tête : tourner la tête de façon alternée de droite à gauche cinq fois assez lentement et sans forcer.)*
- **La mer t'appelle, la mouette a disparu ! Tu peux y aller, petite tortue, oui, oui, oui !** *(Faire oui avec la tête : Fléchir la tête vers l'avant – menton dans le cou – puis rejeter la tête vers l'arrière – menton vers le plafond. Effectuer cet enchaînement cinq fois assez lentement et sans forcer.)*
- **À force de dire non** *(faire « non » lentement avec la tête)*, **à force de dire oui** *(faire « oui » lentement avec la tête)*, **petite tortue a le tournis !** *(Effectuer des rotations lentes de la tête : cinq rotations dans un sens, puis cinq dans l'autre sens.)*
- Laisser quelques instants de respiration aux enfants à la fin du jeu, le temps que le « tournis » s'envole !

Marcher dans l'eau

Public : Maternelle et élémentaire.

Lieu : Espace de relaxation.

Objectifs :
- Étirement corporel.
- Évacuer les tensions.
- Équilibre.
- Retour au calme.

Déroulement

Les enfants sont debout. L'animateur les guide en effectuant les gestes :

- **Il fait chaud, on est au bord de la mer.** *(S'étirer en faisant « AAAAh ».)*
- **On décide d'aller marcher dans l'eau. Comme il y a des vagues, il faut lever haut les genoux, avancer et respirer lentement**. *(Marcher lentement sur place en montant tour à tour chaque genou. Écarter légèrement les bras pour favoriser l'équilibre. Inspirer en levant le genou, expirer en faisant « AAAAh », en reposant le pied par terre. Trois à cinq fois.)*

Le pirate et le perroquet

Public : Maternelle et élémentaire.

Lieu : Espace de relaxation.

Objectifs :
- Orientation corporelle.
- Créativité – imagination.
- Observation.
- Relation avec l'autre.

Précisions : Si certains enfants pirates n'ont pas d'idée de mouvements, l'animateur peut leur en suggérer (marcher comme un pingouin, nager comme un poisson rouge, battre des ailes comme une mouette, onduler comme une algue, voguer comme un bateau, danser comme une sirène, ou plus prosaïquement : taper dans ses mains, se chatouiller les oreilles, marcher comme un soldat, une fourmi, sur les talons, sur la pointe des pieds, etc.).

Déroulement

Les enfants sont deux par deux, l'un derrière l'autre.

C'est bien connu, la plupart des pirates ont un perroquet ! L'enfant de devant est le pirate meneur, l'autre enfant, derrière lui, le perroquet imitateur.

- Le pirate effectue un mouvement qu'il reproduit en boucle, le perroquet l'imite.
- Au signal de l'animateur, tous les enfants s'immobilisent (comme un arrêt sur image).
- Au second signal de l'animateur, le pirate invente un nouveau mouvement que le perroquet imite.
- Échanger les rôles.

L'ancre

Public : Maternelle et élémentaire.

Lieu : Espace de relaxation.

Objectifs :
- Prendre conscience de son corps.
- S'oxygéner – travail du souffle.
- Se recentrer.
- Mobiliser l'attention – retour au calme.
- Relâcher les tensions – détente corporelle.

Déroulement

Les enfants sont debout. L'animateur les guide en effectuant les gestes :

• **Le bateau vogue sur l'eau et vous êtes son ancre, fixée sur le côté de la coque. Vous vous laissez bercer par le roulis.** *(Balancer doucement le corps d'un pied sur l'autre en fredonnant une mélodie lente, bouche fermée (« Mmm-mmm, mmm-mmm »).*

• **Le bateau veut s'arrêter dans le port. Le marin vous jette au fond de l'eau !** *(Faire un pas en avant.)*

• **Pour que le bateau ne bouge pas, l'ancre entre dans le sable et se fait lourde, lourde, lourde, de plus en plus lourde.** *(Concentrer le poids du corps dans les pieds et lentement se baisser, s'accroupir comme une ancre très lourde qui entrerait dans le sable.)*

• **L'ancre est bien enfoncée dans le sable, elle ne bouge plus.** *(S'asseoir, dos bien droit. Fermer les yeux et respirer lentement.)*

• **Le bateau veut repartir en mer. Le marin tire l'ancre et la remonte doucement.** *(Se relever lentement, bras levés, en imaginant chaque partie du corps – que l'animateur peut citer – tirée par une chaîne invisible.)*

• **Le bateau vogue de nouveau. L'ancre, fixée sur le côté de la coque, se laisse bercer par le roulis.** *(Balancer doucement le corps d'un pied sur l'autre en fredonnant une mélodie lente, bouche fermée (« Mmm-mmm, mmm-mmm »).*

Du calme à la tempête

Public : Maternelle et élémentaire

Lieu : Espace de relaxation.

Objectifs :
- Mobiliser l'attention – retour au calme.
- S'oxygéner – travail du souffle.
- Créativité – imagination.
- Expression corporelle et orale.

Précisions : Comme dans les jeux n° 29 (« Comme si ») et n° 30 (« Les ponts »), les gestes qui miment sont libres, chacun laissant libre cours à son imagination.

Déroulement

Les enfants sont debout. L'animateur les guide :

- **La mer est calme, faites-moi entendre ses vagues.** *(Les enfants font des sons et des gestes associés qui font penser à ceux des vagues sous le soleil et sans vent.)*
- **Le vent s'élève, tout doux, puis de plus en plus fort jusqu'à devenir une tempête. Faites-moi entendre son souffle.** *(Les enfants soufflent et effectuent des gestes et des sons qui évoquent un vent qui va s'enflant.)*
- **La mer se déchaîne, faites-moi entendre ses vagues.** *(Les enfants font des sons et des gestes associés qui font penser à ceux des vagues furieuses et agitées dans la tempête.)*
- **Le soleil apparaît, tout chaud, tout calme. Faites-moi sentir ses rayons.** *(Les enfants effectuent des gestes et des sons qui évoquent un chaud soleil.)*
- **La mer redevient calme, faites-moi entendre ses vagues.** *(Comme au début du jeu, les enfants font des sons et des gestes associés qui font penser à ceux des vagues sous le soleil et sans vent.)*

La terre

LA FORÊT

LA CAMPAGNE

LA MONTAGNE

LE DÉSERT

Promenade dans la forêt

Public : Maternelle et élémentaire (jusqu'au CE2).

Lieu : Classe ou espace de relaxation.

Objectifs :
- S'amuser avec le souffle, la langue, les sons produits par la bouche.
- Échauffement des cordes vocales.
- Libérer et canaliser l'énergie.

Précisions : L'animateur évalue le temps de jeu en fonction de l'âge et de l'écoute des enfants. Le jeu peut être écourté, tous les animaux ne seront pas imités.

Déroulement

Les enfants sont debout.

L'animateur les guide (à chaque son ou souffle émis, il demande aux enfants de l'imiter) :

- **Aujourd'hui, nous nous promenons dans la forêt. Nous voyons :**
- **Un renard essoufflé.** *(Haleter.)*
- **Un hibou étonné.** *(Hou hou / Hou hou)*
- **Un lièvre enrhumé.** *(Tousser sans forcer.)*
- **Un blaireau fatigué.** *(Bâiller.)*
- **Un pivert qui tape du bec sur le tronc d'arbre.** *(Tac, tac, tac)*
- **Une cigale qui chante.** *(Kss, kss, kss)*
- **Une biche qui se promène.** *(Claquer la langue pour imiter le bruit des sabots.)*
- **Un bébé loup qui boit dans une flaque.** *(Laper.)*
- **Un écureuil qui croque ses noisettes.** *(Cric, crac, croc)*
- **Une couleuvre qui se cache dans le fossé.** *(Ssssssss)*
- **Un ourson ronchonchon.** *(Rrrr. Produire un son sourd et rauque, mais en faisant naître le son dans la gorge sans desserrer les lèvres.)*
- **Un sanglier qui ronfle.** *(Ronfler bruyamment.)*
- **Un mulot rigolo.** *(Petit rire coquin.)*
- **La promenade est terminée ! C'était bien ! On prend une photo ? Tout le monde sourit !** *(Les enfants sourient pendant que l'animateur fait mine de les photographier.)*
- **Au revoir la forêt ! Gros bisou !** *(Bruit de baiser.)*

Comptine d'automne

Public : Maternelle.

Lieu : Classe ou espace de relaxation.

Objectifs :
- Échauffement des cordes vocales.
- Détente corporelle.
- Rassembler l'énergie.
- Mobiliser l'attention.

Précisions : Ce jeu peut s'effectuer le matin, pour débuter la journée en collectivité.

Déroulement

Les enfants sont debout. L'animateur leur dit la comptine :

- **Ffff… ffff…**
  C'est moi le vent d'automne.
  Pfuiiit… les feuilles s'envolent.
  Par ici… wiiizzz !
  Par là… waaah !
  Plic-ploc, plic-ploc, voici la pluie !
  Ohé, ohé ! Hou, hou !
  Où es-tu ? Je ne te vois plus !
  Je suis là, devant toi !

Puis, l'animateur les guide en s'accompagnant de gestes :

- **Ffff… ffff... C'est moi le vent d'automne.** *(Souffler lentement.)*
- **Pfuiiit… les feuilles s'envolent.** *(Lever les bras en s'étirant et remuer les mains.)*
- **Par ici, wiiizzz !** *(Se balancer d'un pied sur l'autre en s'accompagnant de ses bras.)*
- **Par là… waaah !** *(Se balancer d'un pied sur l'autre en s'accompagnant de ses bras.)*
- **Plic-ploc, plic-ploc, voici la pluie !** *(Faire le mouvement des gouttes de pluie qui tombent : les index se déplacent de haut en bas.)*
- **Ohé, ohé ! Hou, hou !** *(Mettre ses mains en porte-voix de chaque côté de la bouche – diminuer peu à peu l'intensité des « hou », comme un écho.)*
- **Où es-tu ? Je ne te vois plus !** *(Mettre sa main en visière sur son front et pivoter le bassin de droite à gauche.)*
- **Je suis là, devant toi !** *(Ouvrir grand les bras.)*

La caresse d'une plume

Public : Maternelle et élémentaire (jusqu'au CE2).

Lieu : Espace de relaxation.

Objectifs :
- Prendre conscience de son corps.
- Relâcher les tensions – détente corporelle.
- Retour au calme.
- Favoriser l'endormissement.

Matériel : Une plume par enfant.

Accompagnement sonore :
Une musique au rythme harmonieux et serein… (*Préludes* de *La Fille aux Cheveux de Lin* – Debussy ; *Une chanson douce* – Henri Salvador)

Précisions : Ce jeu est particulièrement conseillé pour un retour au calme ou pour favoriser l'endormissement.

Déroulement

Les enfants sont allongés au sol. Chacun tient une plume à la main.

L'animateur explique en montrant :

• **La petite plume caresse la main. Sur le dos** *(Passer la plume sur le dos de la main.)*, **dans le creux** *(Passer la plume sur la paume de la main. Alterner les mains.)*

• **La petite plume caresse le cou. Le menton, le nez, les yeux, le front, les oreilles, les joues.** *(Effectuer les mouvements en rapport.)*

• **La petite plume caresse tout doux… à vous de choisir où !** *(En écoutant la musique, les enfants caressent librement leur visage, leur corps, avec la plume.)*

Roule déroule hérisson

Public :	Maternelle et élémentaire.
Lieu :	Espace de relaxation.
Précisions :	Pour les enfants les plus âgés, adapter le discours. « Petit hérisson » devient « le hérisson », ou seuls les gestes sont décrits.
Objectifs :	– Détendre le dos. – Souplesse corporelle. – Relâcher les tensions. – Se recentrer.

Déroulement

Les enfants sont assis au sol, dos droit. L'animateur les guide en effectuant les mouvements.

- **Petit hérisson va se cacher sous les feuilles.**
- **Il enroule sa tête.** *(Rentrer le menton dans le cou en gardant le dos vertical.)*
- **Il enroule son cou.** *(Baisser la tête en gardant le menton rentré et le dos droit.)*
- **Il enroule ses épaules.** *(Laisser tomber les épaules en gardant la tête baissée. Les rentrer vers l'intérieur.)*
- **Il enroule son dos.** *(Enrouler le dos progressivement sur toute sa longueur, jusqu'à ce que la tête touche les genoux. Le dos est alors « rond ». Bras de chaque côté du corps.)*
- **Chut ! Petit hérisson dort !** *(Ne plus bouger. Respirer calmement.)*
- **Petit hérisson s'est réveillé, il sort se promener…** *(Dérouler : les étapes de déroulement du dos sont aussi importantes que celles de l'enroulement. Dérouler le dos progressivement en reprenant les étapes ci-dessus dans l'ordre inverse, en commençant par le bas du dos pour finir avec le cou, puis la tête).*

À pas de loup

Public : Maternelle et élémentaire (jusqu'au CE2).

Lieu : Espace de relaxation.

Objectifs :
- Favoriser la concentration.
- Équilibre.
- Décontracter les muscles.
- Maîtriser et libérer son énergie.
- Coordonner ses mouvements.
- Cohésion de groupe.

Matériel :
- Plots à disposer sur le parcours pour figurer les arbres.
- Marionnette ou peluche. (facultatif, voir « Précisions »)

Précisions : Ce jeu peut également se pratiquer à l'extérieur – comme la plupart des jeux proposés dans ce livre... pourquoi pas dans une forêt !
On peut se munir d'une marionnette, d'une peluche, d'une figurine de renard (ou de tout autre animal de la forêt. Il suffira, dans ce cas, de transformer un peu le texte ci-dessous). Quand les enfants poussent le grand cri final, on peut, à l'aide de cette marionnette, singer la peur du renard pour amuser les enfants.
Adapter le discours pour les enfants les plus âgés.
Veiller à ce que ce jeu soit réalisé très lentement.

Déroulement

Les enfants sont debout, chacun espacé des autres pour une plus grande liberté de mouvement.

L'animateur les guide :

- **Vous êtes des petits loups dans la forêt.**
- **Vous poussez un long cri de petit loup : Houuuuuuu !** *(Pousser un cri de loup.)*
- **Vous marchez à pas de petits loups, sans faire de bruit, très, très doucement et lentement car les petits loups veulent faire une farce à Léonard le renard. Il ne faut pas qu'il les entende !** *(Marcher très lentement et silencieusement dans la salle.)*
- **Attention les petits loups ! Marchez bien silencieusement, bien lentement, comme au ralenti.** *(Veiller à la lenteur et à la souplesse de la démarche.)*
- **Dans la forêt, il y a de grands arbres, les petits loups font le tour d'un gros tronc** *(un plot).*
- **Maintenant, les petits loups marchent lentement entre les troncs** (*parcours de plots*). **Chut ! Il ne faut pas que Léonard le renard les entende !** *(Marcher en slalomant, toujours au ralenti.)*

• **Attention les petits loups ! Vous voyez Léonard le renard ? Oui, là, juste devant vous ! Faites encore trois pas légers de loup… un… deux… trois…** *(L'animateur compte très lentement et les enfants marchent sur la pointe des pieds en réglant leurs trois pas sur sa voix.)*

• **Oh regardez ! Léonard est devant vous ! Levez lentement les bras, petits loups ! … chut… à trois, vous allez faire une farce à Léonard le renard en poussant, d'un coup, un grand cri de loup… Un, deux, trois, HOU !** *(Les enfants poussent un grand cri de loup !)*

La branche qui relie

Public : Maternelle et élémentaire.

Lieu : Espace de relaxation.

Objectifs :
- Se concentrer.
- Faire attention à l'autre.
- Coordonner ses mouvements.
- Préhension et préhension fine.

Matériel : Une petite branche lisse et pas trop fine pour deux enfants. On peut remplacer la branche par un crayon ou un bâton.

Précisions : Pour réussir ce jeu, les déplacements devront être très lents.

Déroulement

Les enfants sont debout, par équipes de deux.

Chaque équipe reçoit une branche. Chaque enfant saisit l'extrémité d'une branche avec sa main droite, tandis que son coéquipier saisit l'extrémité opposée de la branche avec sa main gauche.

Chaque équipe se déplace ensuite en marchant sans lâcher la branche.

L'animateur peut donner des indications sur le déplacement. (**« Marchez tout droit, tournez du côté de la fenêtre, marchez à reculons, en zigzag, sur la pointe des pieds, tournez en rond, etc. »**)

Variantes

• Plus difficile (pour les enfants les plus âgés – préhension fine) : Les enfants doivent se déplacer (toujours en équipes de deux), en tenant le crayon entre le pouce et l'index, sans le faire tomber.

• L'animateur peut ajouter des obstacles sur le parcours. Les enfants pourront enjamber un ballon, tourner autour d'un plot, slalomer entre des chaises, etc.

Des racines à la cime

Public : Maternelle.

Lieu : Classe ou espace de relaxation.

Objectifs :
- Rassembler l'énergie grâce à l'expression orale.
- Découvrir les sons graves et aigus.
- Moduler sa voix – échauffement des cordes vocales.

Précisions : Ne jamais forcer la voix.

Déroulement

Les enfants sont assis.

L'animateur les guide :

• **Voici Monsieur Arbre et ses amis :**

• **Qui vit en bas du tronc ? C'est moi, la taupe.** *(Voix grave – les enfants répètent la réponse avec une voix grave. Une voix de papa !)*

• **Qui vit entre les feuilles** ? **C'est moi, l'écureuil.** *(Voix naturelle – les enfants répètent la réponse avec une voix naturelle.)*

• **Qui vole tout en haut ? Cui, cui, c'est moi, le petit oiseau !** *(Voix aiguë – les enfants répètent la réponse avec une voix aiguë.)*

La gymnastique du louveteau

Public : Maternelle et élémentaire.

Lieu : Espace de relaxation.

Objectifs :
- Détendre le bassin.
- Souplesse corporelle.
- Canaliser son énergie.

Précisions : Adapter le discours pour les enfants les plus âgés. Seuls les gestes sont décrits.

Déroulement

Les enfants sont à quatre pattes. L'animateur les guide en effectuant les mouvements :

- **Quand il est content et fier, le louveteau fait le dos creux.** *(Creuser le dos et relever la tête.)*
- **Quand il n'est pas content, le louveteau fait le gros dos.** *(Faire le dos rond, creuser le ventre – imaginer un gros ballon coincé entre le sol et le ventre, baisser la tête.)*
- **Quand il est heureux, le louveteau remue la queue** ! *(Remuer les fesses : faire des mouvements alternatifs du bassin de gauche à droite, sans bouger le haut du corps.)*
- **Quand il est timide, le louveteau s'aplatit par terre**. *(Garder le bassin en l'air et descendre le tronc en fléchissant les coudes – avant-bras posés au sol.)*
- **Quand il est coquin, le louveteau crie !** *(À quatre pattes, creuser le dos, lever la tête, la rejeter légèrement en arrière et crier – mais pas trop fort ! – :* « Houuu ! »*)*

Les sons de la forêt

Public : Maternelle et élémentaire.

Lieu : Classe ou espace de relaxation.

Objectifs :
- S'amuser avec le souffle, la langue, les sons produits par la bouche.
- Travail sur la voix.
- Canaliser l'énergie. Favoriser la concentration.
- Respecter la place (la voix) de l'autre – cohésion de groupe.
- Apprendre à écouter.
- Imaginer.
- Expression orale et corporelle.
- Prendre confiance en soi.

Déroulement

Ce jeu consiste à créer une ambiance sonore de la forêt à laquelle chaque enfant va participer.

• Si le groupe excède huit enfants, le scinder en plusieurs sous-groupes d'un maximum de huit enfants. Ceux qui ne joueront pas activement dans un premier temps, deviendront des spectateurs (des « écouteurs ») parfaitement silencieux.

• Pour commencer le jeu, un enfant (Y) du groupe « joueurs » s'installe sur une chaise dans un espace donné. Il est calme et ferme les yeux. Son rôle sera d'écouter pour raconter ensuite ce qu'il aura entendu.

• Les autres enfants du groupe « joueurs » viennent entourer Y (sans le toucher, en silence).

• Chacun à leur tour, désignés par l'animateur, ils émettent un son (avec leur bouche, leurs mains, leurs pieds…) afin d'inventer un paysage sonore pour faire « voyager » Y dans la forêt. Chaque son sera bref et reproduit dans la continuité (bruit du vent, de la pluie, cri d'un animal, de pas, de craquements, etc.). Les sons des uns s'ajoutant à ceux des autres.

• Les enfants « joueurs » doivent se concentrer et être à l'écoute les uns des autres afin de ne pas créer une cacophonie mais une ambiance cohérente et harmonieuse.

• Les sons produits ne doivent pas être trop puissants afin que chacun soit audible et que Y ne se déconcentre pas.

• À la fin du jeu, l'animateur fait signe aux joueurs de progressivement baisser le volume de leurs sons, jusqu'à parvenir au silence.

• Y raconte ce qu'il a entendu. Il décrit cet univers sonore, les sensations ressenties.

• Un autre groupe peut ensuite jouer à son tour.

L'arbre qui pousse les murs

Public : Maternelle et élémentaire.

Lieu : Classe ou espace de relaxation.

Objectifs :
- Souffler.
- Détendre poignets, bras, épaules et dos.
- Canaliser l'énergie. Favoriser la concentration.

Précisions : Adapter le discours pour les enfants les plus âgés. Seuls les gestes sont décrits.

Déroulement

Les enfants sont debout, pieds légèrement écartés pour une bonne stabilité, bras croisés sur la poitrine, mains sur les épaules. L'animateur les guide en reproduisant les gestes :

• **Vous êtes de petits arbres dans une belle forêt. Un vilain géant veut vous garder pour lui tout seul ! Il a construit des murs tout autour de vous. Alors, avec vos branches qui poussent, qui poussent, vous allez repousser ces murs et les faire tomber.**

• Prendre une longue inspiration, puis en soufflant, tout doucement étendre ses bras de chaque côté du corps (paumes tournées vers l'extérieur, vers les murs imaginaires). **On imagine que l'on pousse ces murs avec ses mains. On peut souffler en produisant le son « pfouuuu ».**

• Ramener les bras en croix sur la poitrine. Puis recommencer deux, trois fois.

• **Bravo ! Les murs sont tombés, vous vous êtes libérés** !

La poule et les vers de terre

Public : Maternelle.

Lieu : Classe ou espace de relaxation.

Objectifs :
- Jeu de doigts – étirer les doigts.
- Relâcher les tensions – détente corporelle.
- Favoriser la concentration.

Déroulement

Jeu de doigts, l'animateur guide et montre :

- **La famille ver de terre est endormie sous la terre.** *(Replier les doigts d'une main en poing.)*
- **Toc toc, dit la poule, réveillez-vous, j'ai faim !** *(Toquer sur le poing avec l'autre main : la main poule.)*
- **Le papa ver de terre se redresse.** *(Lever le pouce.)*
- **La poule le tire, tire, mais sans succès.** *(Tirer sur le pouce avec l'autre main.)*
- **La maman ver de terre se réveille.** *(Lever l'index.)*
- **La poule la tire, tire, mais sans succès.** *(Tirer sur l'index avec l'autre main.)*
- **Le pépé ver de terre se réveille.** *(Lever le majeur.)*
- **La poule le tire, tire, mais sans succès.** *(Tirer sur le majeur avec l'autre main.)*
- **La mémé ver de terre se réveille.** *(Lever l'annulaire.)*
- **La poule la tire, tire, mais sans succès.** *(Tirer sur l'annulaire avec l'autre main.)*
- **Le bébé ver de terre se réveille.** *(Lever l'auriculaire.)*
- **La poule le tire, tire, mais sans succès.** *(Tirer sur l'auriculaire avec l'autre main.)*
- **J'ai faim ! Laissez-vous manger à la fin ! pleurniche la poule.** *(Faire un bec avec les doigts de la main poule. L'ouvrir et le fermer.)*
- **Paf !** *(Claquer des mains.)* **La famille ver de terre rentre sous terre.** *(Refermer brusquement le poing de la main ver de terre.)*
- **On recommence avec l'autre main ?** *(Échanger le rôle des mains.)*
- **Toc toc, dit la poule, réveillez-vous, j'ai encore plus faim !** *(Toquer sur le poing avec l'autre main : la main poule.)*

Recommencer le jeu avec l'autre main en suivant le même déroulement. *(Inventer d'autres vers de terre : le copain ver de terre, le pompier ver de terre, la maîtresse ver de terre, le clown ver de terre, le doudou ver de terre, etc.)*

• Puis terminer ainsi : **J'ai faim ! Laissez-vous manger à la fin ! pleurniche la poule.** *(Faire un bec avec les doigts de la main poule. L'ouvrir et le fermer.)*

• **Tiens !** *(Claquer des deux mains.)* **La fermière lui donne du grain !** *(Secouer les doigts des deux mains dans tous les sens.)*

Les petites bêtes des champs

Public : Maternelle et élémentaire.

Lieu : Espace de relaxation.

Objectifs :
- Prendre conscience de son corps.
- Relâcher les tensions – détente corporelle.
- Massage – favoriser le contact avec l'autre.

Déroulement

Les enfants sont assis deux par deux, l'un « de dos » devant l'autre.

L'enfant placé derrière fera « les petites bêtes » avec ses mains, ses doigts, sur le dos de son partenaire qui fermera les yeux, fera le dos rond, mains entre les jambes, tête baissée sur la poitrine, dans une position de relâchement.

L'animateur indique ce que font les petites bêtes. Chaque enfant suit ses indications en touchant le dos de son partenaire :

• **C'est une petite bête qui gratte, gratte, gratte**. *(Gratter toute la surface du dos de son partenaire.)*

• **C'est une petite bête qui frotte, frotte, frotte.** *(Frotter toute la surface du dos de son partenaire.)*

• **C'est une petite bête qui roule, roule, roule.** *(Rouler les poings doucement sur toute la surface du dos de son partenaire.)*

• **C'est une petite bête qui danse, danse, danse.** *(L'enfant fait danser ses doigts sur toute la surface du dos de son partenaire.)*

• **C'est une petite bête qui caresse, caresse, caresse.** *(Caresser toute la surface du dos de son partenaire.)*

• Échanger les rôles.

Comptinette

Public : Maternelle et élémentaire.

Lieu : Classe ou espace de relaxation.

Objectifs :
- Comptine – échauffement des cordes vocales.
- Mobiliser l'attention.
- Concentration et détente.
- Chanter ensemble – cohésion de groupe.
- Travailler les phonèmes oraux et nasaux.

Précisions : Ce jeu permet de découvrir les cavités de résonance (les cavités buccales et nasales). Le voile du palais joue un rôle important. Quand il est relevé, il sépare les deux cavités : l'air qui vient des poumons ne peut alors sortir que par la bouche : on parle de phonèmes oraux.
Quand il est abaissé, les deux cavités communiquent : l'air peut passer par la bouche comme par le nez, ce sont les phonèmes nasaux ([m], [n], [ɲ], [ɑ̃], [ɔ̃], [ɛ̃]).
Adapter la diversité des sons à l'âge et à l'attention des enfants. Préférer un jeu axé sur deux ou trois sons différents correctement effectués, plutôt que sur la totalité des sons chantés sans concentration.

Déroulement

Les enfants sont assis, l'animateur chante cette comptine connue (mais il peut s'agir de toute autre chansonnette, comptine en cours, chanson traditionnelle adaptée aux plus grands enfants : « Frère Jacques », « Promenons-nous dans les bois », etc.)

- **Une poule sur un mur / Qui picore du pain dur / Picoti picota / Lève la queue et puis s'en va.**
- Les enfants répètent la comptine avec l'animateur.
- L'animateur propose de fredonner l'air de la mélodie sur un [m] (en faisant « mmm »).
- L'animateur propose de fredonner l'air de la mélodie sur un son en [ɲɛ̃] (en faisant « gnin-gnin-gnin »).
- L'animateur leur propose de chanter la comptine en se bouchant le nez.
- L'animateur propose de fredonner l'air de la comptine en alternant les sons [a] et les sons [ɑ̃]. **(« a-a-a-an-an-an-an /a-a-a-an-an-an-an / a-a-a- an-an-an / a-a-a-an-an-an-an. »)**
- L'animateur propose de fredonner l'air de la comptine en alternant les sons [i] et les sons [ɛ̃].
- Même chose avec les sons [o] et les sons [ɔ̃].
- Même chose avec pa-ta-la-gra. **(« pa-ta-la-gra-pa-ta-la / pa-ta-la-gra-pa-ta-la / pa-ta-la pa-ta-la / pa-ta-la-gra-pa-ta-la. »)**

Les abeilles

Public : Maternelle et élémentaire.

Lieu : Classe ou espace de relaxation.

Objectifs :
- Étirements corporels.
- Travailler le souffle.
- Libérer les tensions – rassembler l'énergie.
- Retour au calme.

Précisions : S'il le juge nécessaire, l'animateur peut préparer les enfants à ce jeu en leur apprenant à respirer calmement puis à bloquer la respiration une à deux secondes. (« **On respire. / On bloque.** »)
Adapter le discours pour les enfants les plus âgés. Seuls les gestes sont décrits.

Déroulement

Les enfants sont debout, les bras repliés en croix sur la poitrine.

L'animateur les guide en effectuant les mouvements :

- **Vous êtes des abeilles et vos bras sont deux belles ailes transparentes.**
- **Vous ouvrez grand vos ailes en prenant de l'air avec votre nez ou votre bouche.** *(Ouvrir les bras tendus horizontalement en inspirant naturellement.)*
- **Vous gardez l'air dans votre poitrine et vous battez deux fois des ailes.** *(Battre des bras en bloquant la respiration. L'animateur compte jusqu'à deux.)*
- **Vous fermez vos ailes en soufflant calmement l'air par la bouche.** *(Replier les bras en croix sur la poitrine en soufflant.)*
- **Vous bourdonnez !** « Bzzz Bzzz Bzzz ! »

Recommencer deux, trois fois.

La journée d'une fleur des champs

Public : Maternelle et élémentaire.

Lieu : Espace de relaxation.

Objectifs :
- Prendre conscience de son corps – se recentrer.
- Détente corporelle.
- Lâcher prise – retour au calme.
- Étirement corporel.

Accompagnement sonore :
Une musique douce peut accompagner ce jeu qui doit se réaliser très lentement. (*Quintette pour clarinette* en la (2. *Larghetto*) – Mozart ; musique utilisée dans la vidéo : *Odette 1* – Stéphane Polge)

Déroulement

Les enfants sont des fleurs ! Debout, pieds bien stables sur le sol, jambes légèrement écartées (la tige de la fleur), ils baissent la tête, relâchent leurs épaules, croisent leurs bras sur la poitrine, mains croisées sur les épaules (main gauche sur l'épaule droite, main droite sur l'épaule gauche). Mettre la musique.

- **La fleur dort.** *(Respirer lentement et profondément.)*
- **C'est le matin, la fleur s'éveille. Elle déroule lentement ses feuilles.** *(Redresser la tête et dérouler les bras l'un après l'autre, lentement devant soi.)*
- **La fleur ouvre tout doucement ses pétales.** *(Tendre les mains devant soi, et écarter les doigts en les bougeant dans tous les sens.)*
- **Un petit vent caresse la fleur qui se balance doucement.** *(Joindre les mains au-dessus de la tête – paume contre paume –, bras tendus, et pencher lentement le buste du côté gauche. Puis se replacer à la verticale. Incliner lentement le buste du côté droit. Puis se replacer à la verticale. Ainsi plusieurs fois.)*
- **C'est midi. Le soleil brille, la fleur va chercher la chaleur et la lumière du soleil en s'étirant du bas de sa tige** (les pieds) **jusqu'au bout de ses pétales** (les doigts). *(S'étirer.)*
- **Tout l'après-midi, la fleur se fait bronzer !** *(Écarter les bras horizontalement, écarter les doigts, fermer les yeux – à cause des rayons ! – et rejeter légèrement la tête en arrière. L'animateur compte jusqu'à trois.)*
- **C'est le soir. La fleur se referme pour la nuit. Elle replie ses pétales un à un** *(replier les doigts, une main après l'autre.)* **puis ses feuilles** *(bras repliés en croix sur la poitrine).*
- **La fleur a sommeil.** *(S'incliner lentement en avant en respirant calmement.)* **Chut… elle dort.**

Le cœur du tournesol

Public :	Maternelle et élémentaire.
Lieu :	Classe ou espace de relaxation.
Objectifs :	– Canaliser l'énergie – retour au calme. – Lâcher prise. – Favoriser la concentration. – Relâcher les tensions – détente corporelle.
Matériel :	Une fleur « à gros cœur » (tournesol, marguerite, etc.) – une fleur artificielle, ou peinte sur un carton peut convenir !
Précisions :	Ce jeu peut être proposé régulièrement, car c'est au bout d'une certaine pratique qu'il est effectué correctement et se révèle bénéfique. Il est particulièrement conseillé entre deux activités exigeantes ou pour un retour au calme.

Déroulement

Les enfants sont assis.

L'animateur a placé la fleur à hauteur de leurs yeux, à plus d'un mètre cinquante d'eux. Il les guide :

- **On fixe le cœur du tournesol, tout rond, tout marron entre les pétales jaunes.**
- **On ne quitte pas des yeux le cœur tout rond, tout marron. On ne regarde que lui en essayant de ne pas cligner des paupières. Pour ceci, il faut bien ouvrir les yeux.**
- **On reste ainsi jusqu'à ce que je compte jusqu'à dix, puis on ferme les yeux.** *(L'animateur compte jusqu'à dix, puis dit : «* **On ferme les yeux** *»).*
- **On met doucement ses mains sur ses paupières.** *(Les enfants, s'ils sont assis derrière leur bureau, peuvent placer leurs coudes dessus.)*
- **On respire lentement et on essaye de continuer à voir l'image du cœur de la fleur derrière ses paupières fermées. On prend son temps, on se concentre pour continuer à voir encore le cœur du tournesol derrière ses mains.**
- **Quand on ne voit plus rien, on ouvre calmement ses yeux.**
- Recommencer éventuellement le jeu.

La promenade de la coccinelle

Public : Maternelle et élémentaire.

Lieu : Classe ou espace de relaxation.

Objectifs :
- Canaliser l'énergie.
- Favoriser la concentration – mobiliser l'attention.
- Prendre conscience de son corps, de sa silhouette (individuellement ou avec l'autre).

Déroulement

Les enfants sont debout.

L'animateur les guide tout en effectuant lentement les gestes :

• **Voici l'index** ! *(Montrer son index.)*

• **Votre index est** *(ou* « vos doigts sont » *pour les plus jeunes)* **une petite coccinelle qui se promène sur votre corps.**

• **Elle commence par le sommet de votre tête** *(Placer l'index – ou tous les doigts d'une main pour les plus jeunes – au sommet du crâne.)*, **elle gratte, gratte la tête, puis elle descend** *(Si vous avez choisi de faire commencer le jeu aux enfants avec l'index droit, descendre du côté gauche du corps, sinon, quelle gymnastique !)* **Elle fait le tour de l'oreille, elle chatouille le cou. Elle sautille sur les épaules et le bras, elle fait de petits ronds sur votre ventre, etc.**

Continuer à énumérer chaque partie du corps touchée, au fur et à mesure. Descendre jusqu'aux pieds.

Puis :

• **Mais qui voilà ? Une deuxième coccinelle !** *(Montrer l'index de la main qui n'a pas été utilisée.)* **Et elle aussi, elle se promène ! Elle gratte, gratte le sommet de la tête...**

Dessiner toute la silhouette comme précédemment. (Penser à changer de côté en changeant de main !)

Variante

Même jeu, mais deux par deux. L'un fait la coccinelle en promenant ses deux index – ou ses deux mains – le long de la silhouette de l'autre. Puis échanger les rôles.

Le petit déjeuner à la ferme

Public : Maternelle et élémentaire.

Lieu : Classe ou espace de relaxation.

Objectifs :
– Favoriser la concentration.
– Échauffer la voix avec une comptine.
– Mobiliser et décontracter les lèvres et la langue.

Précisions : Ce jeu utilise une comptine un peu oubliée, mais très amusante, il peut se pratiquer comme un échauffement avant une séance de chant.

Déroulement

Les enfants sont assis.

L'animateur explique :

• **La fermière prépare le petit déjeuner : des bols de chocolat pour ses enfants.**

• **Vous allez répéter après moi ce que dit la fermière.**

• **La fermière dit : « du chocolat / avec de l'eau / chocolat mou. »** *(L'animateur articule la phrase, sans forcer l'articulation. Les enfants répètent.)*

• **« Du chocolat / avec du lait / chocolat bouilli. »** *(L'animateur articule la phrase, sans forcer l'articulation. Les enfants répètent.)*

• **« Du chocolat / avec des œufs / chocolat battu. »** *(L'animateur articule la phrase, sans forcer l'articulation. Les enfants répètent.)*

Recommencer en répétant ensemble les phrases comme une comptine.

Croque poulette !

Public : Maternelle.

Lieu : Classe ou espace de relaxation.

Objectifs :
- Jeu de doigts – préhension fine.
- Étirement corporel.
- Mobiliser l'attention grâce à une comptine.
- Favoriser la concentration.

Déroulement

L'animateur guide les enfants tout en montrant les gestes à effectuer :

- **C'est un petit chemin**
  Dans le soleil du matin.
  L'a traversé une poulette,
  Bien dodue, bien rondelette,
- **Celui-ci l'a vue !** *(Montrer le pouce et le remuer avec la main, comme s'il regardait autour de lui.)*
- **Celui-ci l'a attrapée !** *(Montrer le majeur et faire mine d'attraper avec le doigt.)*
- **Celui-ci l'a cuisinée !** *(Montrer le majeur et faire mine de le tourner dans une casserole – comme une cuillère en bois !)*
- **Celui-ci l'a croquée !** *(Montrer l'annulaire en se léchant les lèvres :* « **Miam !** »)
- **Et le petit doigt a pleuré** : *(Montrer l'auriculaire.)*
  « Houlala ! Houlala !
  Y'a plus rien pour moi ! »
  Recommencer avec l'autre main.

Variante

Recommencer le jeu en inversant l'ordre d'intervention des doigts : débuter avec l'auriculaire, achever avec le pouce en disant :

- **Et le pouce a pleuré :** *(Montrer le pouce.)*
  « Houlala ! Houlala !
  Y'a plus rien pour moi ! »
  T'es trop gros, le pouce !
  Rentre chez toi !

Le jeu est plus difficile dans ce sens, mais très amusant ! (Et pour une fois, le pouce n'est pas la vedette !)

Les papillons

Public : Maternelle et élémentaire.

Lieu : Espace de relaxation.

Objectifs :
- Prendre conscience de son corps.
- Détente mentale et corporelle – retour au calme.
- Travailler le souffle.

Précisions : Adapter le discours pour les enfants les plus âgés. Seuls les gestes sont décrits.

Accompagnement sonore :
Une musique douce peut accompagner ce jeu qui doit se réaliser dans le calme. (*Sonate No. 16 C-Dur für Klavier, Sonata facile, KV 545* – Mozart ; musique utilisée dans la vidéo : *Dawn waltz* – Stéphane Polge)

Déroulement

C'est l'histoire d'un papillon posé sur une fleur. Chaque enfant est un papillon. Assis, dos bien droit, jambes ouvertes et repliées, pieds joints (plante du pied droit contre plante du pied gauche), mains sur les chevilles. La tête devient la tête du papillon, le buste, le corps du papillon et les jambes repliées, les ailes du papillon.

L'animateur les guide :

• **Le papillon agite délicatement ses ailes.** *(Lentement, en respirant calmement, lever et abaisser doucement les genoux, en gardant les mains sur les chevilles. Les pieds ne doivent pas bouger et rester joints.)*

• **La fleur où est posé le papillon sent très bon, il a envie de la goûter, alors il se penche et aspire le nectar avec sa trompe.** *(Se pencher en avant et, bouche ouverte en cœur, aspirer et expirer trois fois très lentement – comme si on aspirait et soufflait dans une paille.)*

• **La fleur est tellement délicieuse que le papillon est tout étourdi !** *(Redresser le buste et, les mains toujours sur les chevilles, jambes en tailleur, pied accolés, se balancer doucement de droite à gauche, de gauche à droite, comme un papillon ivre !)*

• **Le papillon s'est bien régalé ! Il bat des ailes pour remercier la fleur !** *(Lever et abaisser les genoux de plus en plus vite, mains sur les chevilles comme un papillon qui bat des ailes.)*

• **Puis le papillon ne bouge plus et regarde passer un petit nuage bleu dans le ciel.** *(Cesser tout mouvement et, en gardant la même position, respirer calmement en levant lentement la tête vers le ciel.)*

Les yétis

Public : Maternelle et élémentaire.

Lieu : Espace de relaxation.

Objectifs :
- S'oxygéner – travail du souffle.
- Libérer l'énergie tout en canalisant ses gestes.
- Relâcher les tensions.
- Expression orale et corporelle.
- Imagination.
- Développer la confiance en soi.

Déroulement

Les enfants sont debout, bien stables sur le sol, pieds parallèles et un peu écartés, bras le long du corps. L'animateur les guide en effectuant les gestes :

• **Vous êtes des yétis, des affreux bonhommes des neiges, des monstres de la montagne ! Vous marchez dans la montagne.** *(Marcher sur place, pesamment et en rythme en balançant les bras de chaque côté du corps tout en respirant profondément.)*

• **Comme vous êtes les plus forts, vous voulez le montrer à la terre entière ! Vous grognez en tapant sur votre poitrine.** *(Toujours en marchant sur place, pousser des grognements en se martelant – pas trop fort ! Canaliser les gestes – la poitrine avec les deux poings fermés.)*

• **Les yétis sont fatigués : ils s'étirent en poussant un grand cri.** *(Mettre les mains derrière sa nuque en inspirant profondément. Puis étirer les bras en l'air de chaque côté de la tête en expulsant l'air et en poussant un grand cri de yéti !)*

Variante

Tour à tour, l'animateur fait venir des enfants devant le groupe pour imaginer et montrer les gestes et les cris que ferait un yéti amoureux, en colère, rigolo (clown), timide, endormi, affamé, vieux, triste, joyeux, etc.

Reprendre alors la dernière consigne du jeu : mettre les mains derrière la nuque en inspirant, puis étirer les bras en l'air de chaque côté de la tête en expulsant l'air et en poussant le cri de yéti de son choix.

Le groupe reproduit les gestes et cris que lui montrent ces enfants.

La montagne

Public : Maternelle et élémentaire.

Lieu : Classe ou espace de relaxation.

Initiation au yoga

Objectifs :
- Mobiliser l'attention – concentration.
- Retour au calme.
- S'oxygéner – travail du souffle.
- Équilibre.
- Détente mentale.
- Lâcher prise – se recentrer.
- Prendre conscience de son corps.
- Travailler le maintien corporel, adopter une bonne posture.
- Développer la confiance en soi en prenant conscience de soi.

Accompagnement sonore :

Choisir une musique qui aide à se concentrer. (*Conquest of paradise, Light and Shadow, Beautiful Planet Earth* – Vangelis ; *Fishing Junks At Sunset* – Jean-Michel Jarre ; *Nisi Dominus RV608* – Vivaldi ; Mozart)

Déroulement

Les enfants sont debout, pieds joints, menton très légèrement baissé pour ne pas « casser » la nuque (regard dirigé vers le sol loin devant soi), bras le long du corps, sans toucher les cuisses, et tendus sans crispation.

• L'animateur leur demande d'effectuer quelques oscillations afin de trouver la position confortable où ils sont debout en faisant le moins d'effort possible.

• L'animateur leur demande de respirer calmement en gardant bien cette position, en prenant conscience du poids de tout leur corps (de la tête aux pieds) qui pèse sur leurs pieds (la majeure partie reposant sur les talons, faire prendre conscience de la voûte plantaire et des orteils pour que les enfants répartissent leur poids sur les pieds en entier).

• Les enfants se concentrent pleinement sur chaque partie de leur corps (que l'animateur peut citer), ils écoutent la musique en ne pensant à rien d'autre.

Petit aigle apprend à voler

Public :	Maternelle et élémentaire.
Lieu :	Espace de relaxation.
Objectifs :	– Libérer l'énergie. – Souplesse corporelle. – Détendre le dos, les épaules et les bras.
Précisions :	Adapter le discours pour les enfants plus âgés. « Petit aigle » devient « l'aigle ». Seuls les gestes sont décrits.

Déroulement

Les enfants sont à genoux, assis sur les talons, dos bien droit. L'animateur les guide en effectuant les mouvements :

- **Petit aigle apprend à voler.**
- **Il se redresse.** *(Décoller les fesses des talons pour étirer d'abord le bas du dos. Garder le dos bien droit.)*
- **Il se met lentement sur ses pattes.** *(Se lever lentement, si possible sans mettre les mains au sol et en gardant le dos bien droit.)*
- **Il regarde ses ailes.** (*Lever les bras devant soi. Les tourner tour à tour plusieurs fois pour avoir les paumes face au ciel, puis face au sol.)*
- **Il ouvre ses ailes.** *(Étirer le dos et ouvrir la cage thoracique en projetant progressivement les bras sur les côtés.)*
- **Il essaie ses ailes. D'abord vers le haut.** *(Lever les bras vers le haut et étirer la colonne vertébrale en essayant de se grandir au maximum.)*
- **Puis vers le bas.** *(Redescendre lentement les bras le long du corps en abaissant les épaules.)*
- Ça y est ! Petit aigle sait voler ! *(Lever et descendre lentement les bras plusieurs fois, comme un grand oiseau qui s'envole.)*

Greli-grelot

Public :	Maternelle et élémentaire.
Lieu :	Classe ou espace de relaxation.
Objectifs :	– Jeu de devinettes. – Mobiliser l'attention – favoriser la concentration. – Échanger avec l'autre.
Matériel :	Une dizaine de petits cailloux (ou graviers, billes) par enfant, posés en tas devant chacun.
Précisions :	Adapter le nombre de cailloux dans le tas de chacun, aux chiffres que connaissent les enfants. Par exemple, n'en mettre que cinq ou six pour les plus jeunes… Les enfants ne sachant pas compter peuvent remplacer les chiffres par des ordres de quantité : « pas du tout, un tout petit peu, un peu, beaucoup, tout ! »

Déroulement

Les enfants sont assis deux par deux (A et B), l'un en face de l'autre ou côte à côte.

- A commence. Pendant que B se cache les yeux, A prend le nombre de cailloux qu'il souhaite (ou aucun !) et les place au creux de ses deux mains réunies et fermées en coupe.
- Puis il chantonne en secouant ses mains près de l'oreille de son partenaire :
- **« Greli-grelot, combien de p'tits cailloux dans mon sabot ? »**
- B tente de retrouver le nombre exact de cailloux cachés entre les mains de A, en s'aidant du bruit qu'ils font (ou ne font pas !) en s'entrechoquant. Si nécessaire, A fait sonner de nouveau les cailloux en chantonnant.
- B annonce un chiffre. Si sa réponse est juste, A lui donne un caillou. Sinon, il ne lui donne rien. Inverser ensuite les rôles.
- On peut s'amuser à déclarer un gagnant après plusieurs manches, en comptant le nombre de cailloux gagnés par chaque enfant. Celui qui en a le plus est le vainqueur !

L'éléphant-montagne

Public : Maternelle et élémentaire.
Lieu : Espace de relaxation.
Initiation au yoga
Objectifs : – Mobiliser l'attention – retour au calme.
– S'oxygéner – travail du souffle.
– Flexibilité – étirement.

Déroulement

Les enfants sont debout, pieds un peu écartés, bras le long du corps sans toucher les cuisses. L'animateur les guide en effectuant les mouvements :

• **Comment une montagne peut-elle se transformer en éléphant ?**
Imaginez que vous êtes une gigantesque montagne, vos pieds sont enfoncés dans le sol, vous vous sentez grands et forts. Vous respirez calmement. *(Position 1)*

• **Vous rejoignez vos deux mains en croisant vos doigts. Vous balancez doucement vos bras devant vous, d'un côté puis de l'autre. Voici la trompe de l'éléphant !** *(Position 2)*

• **En prenant l'air avec votre nez, vous montez lentement vos bras vers le ciel en gardant vos doigts entrelacés (croisés). L'éléphant-montagne dresse sa trompe !** *(Position 3)*

• **Vous soufflez lentement et vous pliez les genoux en descendant les bras entre vos jambes. Vous relâchez la tête entre vos bras. Vos pieds ne bougent pas.**

• **L'éléphant-montagne reste dans cette position en balançant doucement sa trompe.** *(Balancer les bras, doigts toujours entrelacés, trois ou quatre fois.)*

• **Puis l'éléphant-montagne remonte lentement sa trompe en l'air en restant bien lourd sur ses pieds.** *(Revenir à la position 3 en inspirant l'air avec le nez.)*

• **L'éléphant-montagne respire calmement et redevient une montagne.**
(Revenir à la position 1.)

L'écho

Public : Maternelle et élémentaire.

Lieu : Classe ou espace de relaxation.

Objectifs :
- Échauffer les cordes vocales.
- Découvrir les niveaux sonores de la voix.
- Relâcher les tensions.
- Libérer l'énergie.
- Prendre confiance en soi.

Précisions : Jeu conseillé pour s'échauffer, se décontracter ou se mettre en confiance avant une séance de chant ou de récitation.

Déroulement

Les enfants sont assis. L'animateur les guide :

• **Nous sommes dans la montagne. Je vais lancer des cris plus ou moins forts et vous allez faire l'écho. C'est-à-dire que vous allez répéter exactement ce que je dis. Doucement, si je parle doucement. Fort, si je parle fort. Comme l'écho dans la montagne.**

• **Ohéohé !** *(voix normale)*

• **Ohéohé !** *(voix basse)*

• **Ohéohé !** *(voix normale)*

• **Ohéohé !** *(voix forte – ne pas crier)*

À chaque fois, les enfants répètent en respectant l'intensité donnée par l'animateur.

Recommencer plusieurs fois. Alterner sur un seul « cri » plusieurs nuances, plusieurs tons, faire « traîner » certaines syllabes (« Ooohé-Ohééé »).

Variante

Suggérer aux enfants de venir à tour de rôle guider l'écho en proposant leurs propres mots, onomatopées… Ceci les amuse beaucoup et leur permet de prendre confiance en eux.

Le bouquetin

Public : Maternelle et élémentaire.

Lieu : Espace de relaxation.

Objectifs :
- Libérer l'énergie.
- Apprendre à maîtriser ses mouvements.
- S'oxygéner.

Précisions : Réaliser les mouvements en restant sur place pour éviter trop de débordement. Mais si vous disposez d'un groupe à effectif réduit et d'un endroit spacieux, vous pouvez envisager d'effectuer ces mouvements librement dans l'espace.

Déroulement

Les enfants sont debout, l'animateur explique :

• **Imaginez que vous êtes un bouquetin qui court dans la montagne. Quand je vous dirai : « Le bouquetin court. », vous courrez sur place.** *(Courir sur place en trottinant.)*

• **Quand je vous dirai : « Le bouquetin souffle. », vous resterez debout et vous soufflerez en inclinant la tête.** *(Souffler en inclinant la tête.)*

• **Quand je vous dirai : « Le bouquetin saute. », vous sauterez sur place.** *(Sauter souplement et sans excès sur place.)*

• L'animateur donne les indications aux enfants en alternant saut, course et souffle.

Variantes

L'animateur peut varier les indications en précisant pour les sauts : **« Le bouquetin saute deux fois, trois fois... »** (idem pour le souffle). Pour la course, l'animateur peut proposer différentes vitesses de course pour amener une progression dans l'effort : **« Le bouquetin court très lentement, lentement, vite, très vite. »**

Beaucoup d'autres mouvements peuvent être proposés, comme : **« Le bouquetin saute à cloche-pied, le bouquetin marche, le bouquetin s'arrête, le bouquetin tourne sur lui-même. »**, etc.

Les couleuvres

Public : Maternelle et élémentaire.

Lieu : Espace de relaxation.

Initiation au yoga

Objectifs :
- Mobiliser l'attention – retour au calme.
- S'oxygéner – travail du souffle.
- Flexibilité.
- Étirer et muscler le dos et les bras.

Précisions : Ce jeu est particulièrement conseillé après le repas ou le goûter, car il facilite la digestion.
Adapter le discours pour les enfants plus âgés. Seuls les gestes peuvent être décrits.

Déroulement

Les enfants sont étendus à plat ventre, les bras le long du corps, la tête reposant sur un côté. *(Position 1)*

L'animateur les guide en effectuant les mouvements :

• **C'est l'hiver, les couleuvres hibernent au creux des rochers. Elles respirent calmement.** *(Les enfants inspirent et expirent comme s'ils étaient endormis.)*

• **C'est le printemps, les couleuvres sentent le soleil arriver !** *(Poser les deux mains, paumes contre le sol, de chaque côté de la tête.)*

• **Elles entendent des bruits dans la montagne, alors elles lèvent la tête !** *(Garder la position précédente en relevant seulement la tête.)*

• **Puis les couleuvres sortent de leur cachette pour saluer le soleil.** *(Pousser sur les mains et les bras pour redresser le buste – comme si la tête était tirée par un fil. Lever la tête vers le ciel. Le dos se creuse. Les jambes et le bassin restent collés au sol.)*

• **Un, deux, trois…** *(Garder la position précédente.)*

• **Voilà l'automne ! Pfuit ! Les couleuvres se cachent pour dormir.** *(Revenir progressivement à la position 1, en décomposant les mouvements et en les effectuant dans le sens inverse.)* **Elles respirent calmement.**

La marmotte peureuse

Public : Maternelle et élémentaire (jusqu'au CE2).

Lieu : Classe ou espace de relaxation.

Objectifs :
- Décontracter les muscles du visage et du corps.
- Opposition contraction/décontraction.
- Relâcher les tensions.
- Libérer l'énergie.

Déroulement

Les enfants sont assis, dos bien droit.

L'animateur les guide en effectuant les mouvements. Les enfants, suivant son exemple, reproduiront les gestes cités dans la petite histoire :

- **Vous êtes de petites marmottes. Vous sortez de votre terrier dans la prairie, là-haut sur la montagne... Vous reniflez l'air du dehors : mmmh... ça sent bon l'air pur !**
- **Vous ouvrez grand les yeux et vous regardez dans tous les sens.**
- **Le lapin passe. Les marmottes ont peur, elles serrent fort les dents.**
- **Mais un lapin, c'est gentil ! Alors les marmottes ouvrent la bouche et sourient au lapin.**
- **La perdrix passe. Les marmottes ont peur, elles serrent fort les poings.**
- **Mais une perdrix, c'est gentil ! Alors les marmottes desserrent les poings et lui font coucou en bougeant les doigts et les poignets des deux mains dans tous les sens.**
- **La biquette passe. Les marmottes ont peur, elles serrent fort les épaules, le ventre, les fesses, les jambes (les cuisses, les mollets).**
- **Mais une biquette, c'est gentil ! Alors les marmottes relâchent les épaules, le ventre, les fesses et les jambes. Et elles soufflent un bon coup !**
- **Le soleil lance de jolis rayons de soleil. Les marmottes ont peur, elles serrent fort leur bras contre leur poitrine. Elles se roulent en boule et elles ferment leurs paupières, très fort.**
Mais le soleil, c'est doux, c'est chaud ! Alors les marmottes ouvrent les yeux et grand, grand les bras en soupirant de soulagement.

Le feu de camp

Public : Maternelle et élémentaire.

Lieu : Espace de relaxation.

Initiation au yoga

Objectifs :
- Mobiliser l'attention – retour au calme.
- S'oxygéner – travail du souffle.
- Flexibilité – étirement.

Précisions : Ce jeu qui favorise la digestion est particulièrement conseillé avant (pour préparer l'estomac) ou après un repas, un goûter…

Déroulement

Les enfants sont assis au sol, les jambes étendues, le dos bien droit, la tête dans l'axe, regard dirigé devant eux.

L'animateur les guide en effectuant les mouvements :

• **On respire calmement.** *(Les enfants inspirent lentement l'air avec le nez et expirent l'air avec la bouche.)*

• **On replie légèrement sa jambe droite vers soi en la gardant au sol.**

• **Avec les mains, on place sa cheville gauche sur son genou droit, comme si les jambes étaient des branches dans un feu de bois.** *(Garder la position durant trois respirations.)*

• **On revient lentement à la position de départ.** *(Les enfants lâchent leurs chevilles, et retournent à la première position : assis, jambes étendues devant eux.)* **On respire calmement.**

• Recommencer le jeu avec l'autre jambe.

Un chameau rigolo

Public : Maternelle et élémentaire.

Lieu : Classe ou espace de relaxation.

Objectifs :
- Détendre les lèvres.
- Articulation – échauffement des cordes vocales.
- Relâcher les tensions – détente corporelle.
- Rassembler l'énergie.

Déroulement

Les enfants sont assis, le dos bien droit, l'animateur les guide :

• **Dans le désert, je me promène sur le dos de mon chameau.** *(Osciller lentement d'avant en arrière.)*

• **Mon chameau pousse un grand soupir : « Bbbrrr ».** (*Projeter les lèvres vers l'avant, bouche fermée. Les lèvres entrent en vibration au passage de l'air le plus longtemps possible.)*

• **Oh hisse ! Qu'il est haut !** *(Bien articuler. Les enfants répètent.)*

• **Oh hisse, yo ! Qu'il est beau mon chameau !** *(Bien articuler. Les enfants répètent.)*

• Répéter plusieurs fois le jeu qui alterne mouvement de lèvres projetées et mouvement de lèvres étirées. D'abord lentement puis de plus en plus rapidement.

Le langage des hommes bleus

Public : Maternelle et élémentaire.

Lieu : Classe ou espace de relaxation.

Objectifs :
- Langage des mains – expression corporelle.
- Relâcher les tensions – détente corporelle.
- Retour au calme.
- Mémoire – Favoriser la concentration.
- Imagination – observation.
- Développer la confiance en soi.

Déroulement

Les enfants sont assis, l'animateur explique :

• **Dans le désert vivent les touaregs. Ils sont nomades, ça veut dire qu'ils ne restent jamais longtemps au même endroit et se déplacent d'une oasis à une autre, à pied ou à dos de chameau. Comme ils sont habillés tout en bleu, on les appelle aussi « les hommes bleus ». Il fait chaud dans le désert, il n'y a pas beaucoup d'eau, alors, pour économiser leur salive, les hommes bleus parlent avec leurs mains.**

Les enfants se mettent debout. L'animateur les guide, ils reproduisent les mouvements :

• **Pour dire : « Bonjour. », ils portent leur main à leur poitrine.** *(Porter la main à plat sur le cœur.)*

• **Pour dire : « Donne ! », ils tendent la main.** *(Tendre la main devant soi, paume vers le haut.)* **S'ils agitent les doigts, cela veut dire : « Donne vite ! »** *(Agiter les doigts.)*

• **Pour dire : « Ça ne va pas du tout ! », ils agitent la main devant leur visage.** *(Agiter la main devant son visage en mimant le mouvement rapide d'un éventail.)*

• **Pour dire : « Ça va très bien. » ou : « On va s'arrêter ici. », ils font des ciseaux avec leurs doigts.** *(Bouger l'index et le majeur en petits ciseaux très vifs.)*

• **Pour dire : « Attends ! », ils lèvent leur main toute droite, comme un petit mur immobile.** *(Lever la main devant soi. Paume vers l'extérieur.)*

• **Pour dire : « C'est bon, c'est doux… », ils balancent doucement leur main.** (*La main est souple et relâchée, l'agiter doucement dans un mouvement de berceau.)*

• L'animateur reproduit les gestes en ne donnant plus que leur signification. Les enfants les reproduisent en même temps.

• Proposer aux enfants de venir à tour de rôle présenter des gestes qu'ils inventent et que pourraient faire les hommes bleus.

Le lionceau et la gazelle

Public : Maternelle.

Lieu : Classe ou espace de relaxation.

Objectifs :
- Jeu de voix – moduler le débit de la voix.
- Échauffer les cordes vocales.
- Relâcher les tensions – détente corporelle.
- Favoriser la concentration.

Précisions : Adapter pour les enfants de fin de troisième cycle en utilisant simplement la chanson « Meunier tu dors ».

Déroulement

Les enfants sont assis, l'animateur explique :

• **Dans le désert, bébé lion veut attraper mam'zelle gazelle, mais il trottine tout doucement et elle court aussi vite que si elle avait des ailes !**

• L'animateur chante (sur l'air de « Meunier tu dors ») en illustrant avec les mouvements de son choix (moulinet des bras, projection des bras et des mains vers l'avant, bras simulant un vol rapide, etc.) :

Petit lionceau *(Chanter très lentement.)*
Veut attraper la gazelle *(Chanter très vite.)*
Petit lionceau *(Chanter très lentement.)*
Mais la gazelle a des ailes ! *(Chanter très vite.)*

• Reprendre, accompagné par les enfants.

Le serpent cocotte minute

Public : Maternelle et élémentaire.

Lieu : Classe ou espace de relaxation.

Objectifs :
- S'oxygéner – travail du souffle.
- Entraînement du diaphragme.
- Rassembler l'énergie.
- Relâcher les tensions – retour au calme.

Précisions : Le souffle ainsi poussé amènera chacun à expirer profondément. Car respirer, ce n'est pas seulement inspirer. Si l'expiration expliquée ci-dessous est bien « tenue », elle aura un effet très bénéfique et relaxant.

Déroulement

Les enfants sont assis ou debout bien droits, l'animateur les guide :

• **C'est un serpent dans le désert qui siffle comme une cocotte minute !** *(Entrouvrir les lèvres, placer la langue sur les dents et souffler-siffler en essayant de reproduire le long sifflement d'une cocotte minute.)*

• Inspirer calmement, puis recommencer ainsi plusieurs fois.

Le palmier et le sirocco

Public : Maternelle et élémentaire.

Lieu : Espace de relaxation.

Objectifs :
- Travailler l'équilibre.
- Prise de conscience du corps.
- Favoriser la concentration.

Déroulement

Les enfants sont debout bien droits, pieds un peu écartés, bien ancrés au sol. L'animateur les guide en veillant à ce que les mouvements soient correctement exécutés :

• **Imaginez que vous êtes un palmier en plein désert. Le sirocco, le vent du désert, vient vous secouer dans tous les sens, mais heureusement votre tronc est bien enraciné dans le sable. Le sirocco vous pousse dans le dos.** *(Se balancer vers l'avant, comme si on était poussé par l'arrière dans le dos, en faisant peser le poids du corps sur ses orteils.)*

• **Le sirocco vous pousse sur la poitrine.** *(S'incliner vers l'arrière, comme si on était poussé par l'avant sur le torse, en faisant peser le poids du corps sur ses talons.)*

• **Le sirocco tourne autour de votre tronc.** *(Se balancer en effectuant des cercles – avant, côté droit, arrière, côté gauche – et en faisant peser le corps soit vers les orteils, les côtés des pieds, ou les talons.)*

• **Le sirocco se calme** *(Réduire peu à peu les mouvements circulaires de balancement.)* **et disparaît derrière les dunes** *(Revenir à une position verticale. Souffler / expirer.)*

Les mains chaudes

Public : Maternelle et élémentaire.

Lieu : Classe ou espace de relaxation.

Objectifs :
- Mobiliser l'attention – retour au calme.
- Relâcher les tensions – détente corporelle.
- Dépenser puis rassembler l'énergie.
- Se recentrer – prendre conscience de son corps.

Précisions : Ce jeu est particulièrement conseillé pour calmer en douceur des enfants trop agités ou en colère. Le toucher et la chaleur corporelle les aideront à se recentrer sur les sensations du corps en les apaisant.

Déroulement

Les enfants sont assis, l'animateur les guide :

• **C'est la nuit et, dans le désert, il fait très froid. Pour vous réchauffer, vous frottez très vite vos mains l'une contre l'autre, jusqu'à ce qu'elles soient chaudes.** *(Frotter les paumes des mains énergiquement l'une contre l'autre jusqu'à ce qu'elles « chauffent » – sensation de chaleur.)*

• **Puis vous appliquez la paume de vos mains sur vos yeux fermés pour les réchauffer.** *(Appliquer les paumes sur les paupières. Jusqu'à ce qu'elles refroidissent.)*

• **Quand vos mains ont refroidi, vous recommencez à les frotter énergiquement l'une contre l'autre. Puis, quand elles sont bien chaudes, vous posez vos paumes sur vos joues pour les réchauffer.** *(Appliquer les paumes sur les joues. Jusqu'à ce qu'elles refroidissent.)*

• Recommencer ainsi le jeu en « réchauffant » différentes parties du corps et du visage (cuisses, oreilles, nez, ventre, bras, etc.)

Le charmeur de serpent

Public : Maternelle (à partir de la GS) et élémentaire.

Lieu : Espace de relaxation.

Objectifs :
- Écoute de l'autre – se concentrer.
- Imagination et créativité.
- Expression orale et corporelle.
- Maîtriser les mouvements et l'intonation.
- Lâcher prise.

Précisions : Afin que les enfants comprennent bien le jeu, l'animateur peut, dans un premier temps, le faire exécuter par deux enfants devant le reste du groupe.
Éviter de mettre en tandem deux enfants qui ne s'entendent pas bien. (Ou alors, si c'est une intention, veiller à ce que le jeu soit correctement effectué.)
L'écoute de l'autre est primordiale dans ce jeu. Le charmeur doit faire preuve de maîtrise et de concentration pour charmer son serpent et il est important que l'enfant-serpent lâche prise. C'est-à-dire qu'il ne se considère plus comme un enfant, mais comme un animal agressif qui peut se calmer si le charmeur le charme ! (Car souvent les enfants aiment ce rôle « d'attaquant » et même si le charmeur excelle, ils ne parviennent pas à se calmer et à quitter l'agressivité.)

Déroulement

Les enfants sont debout deux par deux, face à face. L'un est le serpent, l'autre le charmeur. L'animateur les guide :

- **Le serpent est endormi.** *(L'enfant-serpent s'enroule au sol et demeure immobile.)*
- **Le charmeur marche lentement en tournant autour de lui.** *(L'enfant-charmeur marche autour de son partenaire sans faire de bruit.)*
- **Soudain, le serpent se réveille ! Il se dresse, menaçant.** *(L'enfant-serpent sort brutalement de sa léthargie et se dresse à genoux, bras tendus en avant dans une attitude offensive. S'il le souhaite, il pourra siffler sur un ton menaçant.)*
- **Le charmeur doit charmer le serpent pour le calmer. En chantant, en sifflant, en murmurant, en effectuant des gestes souples, doux et apaisants.**
- **Le serpent écoute le charmeur de serpent et laisse son corps et son esprit réagir à ce qu'il entend. Petit à petit, le charmeur l'apaise, il se laisse glisser peu à peu au sol.**

Le génie d'Aladin(e)

Public : Maternelle et élémentaire.

Lieu : Espace de relaxation.

Objectifs :
- Écoute de l'autre.
- Concentration.
- Imagination et créativité.
- Expression orale et corporelle.

Précisions : Adapter le discours pour les enfants les plus âgés. « Petit génie » devient « mon bon génie ».

Déroulement

Les enfants sont répartis deux par deux. L'un est le génie, l'autre Aladin (ou Aladine !). Chaque tandem passe à tour de rôle devant le reste du groupe. (Sinon, chaque Aladin(e) parlant, le bruit est dérangeant.) L'animateur les guide :

• **Le génie est endormi.** *(L'enfant-génie se met à genoux, les fesses reposant sur les talons, penché en avant, tête entre les bras au sol, sans bouger.)*

• **Aladin(e) lui frotte trois fois doucement le dos en disant : « Réveille-toi petit génie ! »** *(Le génie se réveille et se met debout.)*

• **Aladin(e) lui demande d'exécuter tout à tour trois mouvements de son choix** :

Exemples : **« Petit génie saute à cloche-pied – Petit génie gratte-toi la tête – Petit génie chante une chanson. »** *(Le génie exécute ces trois vœux au fur et à mesure qu'Aladin(e) les lui demande.)*

• **Aladin(e) le remercie ainsi : « Merci petit génie, tu peux retourner au lit !** *(Le génie retourne à sa première position au sol.)*

• Passer à un autre tandem.

• Puis, si le temps et le nombre d'enfants le permettent (nombre pas trop important, sinon ce jeu dure trop longtemps), échanger les rôles et faire passer de nouveau chaque tandem devant le groupe.

Les rôles pourront être également inversés lors d'une prochaine séance.

Le guépard

Public : Maternelle et élémentaire.

Lieu : Espace de relaxation.

Initiation au yoga

Objectifs :
- Mobiliser l'attention – retour au calme.
- S'oxygéner – travail du souffle.
- Développer le sens de l'équilibre.
- Flexibilité – étirement.

Accompagnement sonore :
Choisir une musique qui évoque le guépard, le fauve qui guette (*Taqsim* – Khaled Ben Yahia ; *Raga Roots* – Munir Bashir ; les interprétations et improvisations au luth de Yousra Dhahbi)

Déroulement

Les enfants sont accroupis « en grenouille ». Jambes entièrement fléchies et écartées. Mains paumes au sol près des pieds, doigts vers l'avant. L'animateur les guide en effectuant les mouvements :

- **On souffle lentement.**
- **En prenant l'air avec son nez, on lance ses jambes en arrière. Les mains restent au sol. (Si on n'arrive pas à lancer les jambes, on les fait glisser vers l'arrière.)**
- **En soufflant doucement, on relève légèrement son corps en s'appuyant sur ses mains et ses orteils.**
- **On prend l'air avec son nez, on lève légèrement la tête, comme un guépard qui guette sa proie !**
- **En restant dans cette position, on souffle doucement, puis on respire calmement.** *(Compter deux, trois respirations.)*
- **On s'allonge. On écoute la musique.**

Du désert à la terre entière

Public : Maternelle et élémentaire (jusqu'au CE2).

Lieu : Espace de relaxation.

Objectifs :
- Détente générale par l'expression orale et l'expression corporelle.
- Mobiliser et associer le corps et la voix.
- Mobiliser l'attention – favoriser la concentration.

Déroulement

Les enfants sont debout. L'animateur les guide. (Les enfants reproduiront les sons et les gestes) :

- **Aujourd'hui, je fais le tour du monde.**
- **Je pars à dos de chameau.** *(Tenir le pommeau d'une selle imaginaire et se balancer d'avant en arrière.)*
- **Mon chameau me donne le mal de mer, alors je prends mon petit vélo.** *(Tenir un guidon. Son : dring dring ! – sonnette du vélo.)*
- **Je monte dans un train.** *(Son : tchou tchou !)*
- **Je conduis une voiture.** *(Tenir un volant. Son : Broum broum.)*
- **Je prends l'avion.** *(Écarter les bras horizontalement en balançant doucement le buste de droite à gauche. Son : bruit montant et descendant.)*
- **Je vole en montgolfière.** *(Faire mine de tirer une poignée en l'air. Son : Pschhhh !)*
- **Je plonge dans la mer.** *(Bras en position de plongée. Son : Plouf !)*
- **Je fais de la planche à voile.** *(Son : Fffff – le vent.)*
- **Je grimpe sur une barque.** *(Ramer.)*
- **Puis sur gros bateau, un paquebot !** *(Son : Bouhhhhh bouhhhh – grave, comme une sirène de bateau.)*
- **Je continue sur le dos d'une abeille.** *(Écarter les bras et les agiter comme des ailes. Son : Bzzzz.)*
- **Sur le dos d'un zèbre.** *(Secouer le buste comme un cavalier au trot. Son : togodo, tiguidi, tagada – bruit de sabots.)*
- **Dans la poche d'un kangourou.** *(Sauter sur place. Son : Boing boing boing.)*
- **On frappe à la poche !** *(Toquer avec le point fermé. Son : Toc toc toc.)*
- **On me dit : C'est l'heure de rentrer ! Alors je retourne dans mon joli désert sur mon tapis volant !** *(Gestes et sons libres.)*

L'air

LE CIEL

LA PLUIE, LA NEIGE ET LES VENTS

La météo

Public : Maternelle et élémentaire.

Lieu : Classe ou espace de relaxation.

Objectifs :
- Prendre confiance en soi.
- Transmettre ses émotions – écouter l'autre.
- Expression orale et corporelle.
- Laisser libre cours à l'imagination.

Précisions : Veiller à ce que le groupe soit calme et à l'écoute.

Déroulement

Les enfants sont assis. Chacun à son tour va venir devant ses camarades exprimer par le mime (bruitage accepté) « sa » météo. C'est-à-dire que l'enfant devra mimer le temps qu'il fait dans « son » ciel. À lui de décider s'il pleut, s'il y a du vent, un arc-en-ciel, si le soleil brille… il peut également mimer et bruiter une météo fantaisiste (nuage qui chante, pluie qui danse, etc.).

Variante

On peut aussi demander aux enfants de mimer chacun à leur tour la météo de leur humeur : « Quel temps fait-il à l'intérieur d'eux-mêmes ? » Sont-ils bougons, joyeux, tristes, inquiets, calmes ? Ils peuvent associer un élément naturel à leur humeur et le mimer selon les consignes du jeu ci-dessus.

L'arc-en-ciel

Public : Maternelle et élémentaire.

Lieu : Espace de relaxation.

Objectifs :
- Relâcher les tensions – détente corporelle.
- Partager l'énergie.
- Établir le contact avec l'autre.
- Se faire confiance mutuellement.

Accompagnement sonore :
Une musique douce peut accompagner ce jeu qui doit se réaliser très lentement. (*Pavane* – Fauré ; musique utilisée dans la vidéo : *Naïve 4* – Stéphane Polge)

Déroulement

Les enfants sont à genoux, deux par deux. L'un en face de l'autre, un peu espacés, ils joignent les paumes de leurs mains (paume de l'un contre paume de l'autre).

• Sur la musique et en suivant les indications de l'animateur, chacun se lève sans détacher ses mains de celles de son partenaire.

• Puis, toujours sans détacher ses mains de celles de son partenaire, reculer d'un pas, puis de deux pas. Lever les bras en l'air, en arc-en-ciel.

• Chacun place sa tête entre ses épaules.

• Maintenir la position de l'arc-en-ciel quelques secondes en respirant paisiblement.

• Redresser lentement la tête.

• Avancer d'un pas, puis de deux pas. Descendre lentement les mains.

• Se séparer. Souffler tranquillement avec la bouche.

Les éclairs

Public : Maternelle et élémentaire.

Lieu : Espace de relaxation.

Initiation au yoga

Objectifs :
- S'oxygéner – travail du souffle.
- Prendre conscience de sa respiration.
- Mobiliser l'attention – retour au calme.
- Se recentrer.

Précisions : Ce jeu qui favorise la digestion est particulièrement conseillé avant ou après un repas, un goûter…

Déroulement

Les enfants sont à genoux, assis sur leurs talons : les jambes repliées font penser à un éclair. Le dos est bien droit. La tête est légèrement inclinée vers l'avant (regard dirigé au sol loin devant soi) pour ne pas « casser » la nuque.

Les enfants posent leurs mains sur le dessus de leurs cuisses et respirent calmement et profondément – inspirer lentement par le nez, souffler lentement l'air avec la bouche. Prendre conscience de cette respiration (l'animateur la décrit).

L'arc à l'endroit

Public :	Maternelle et élémentaire.
Lieu :	Espace de relaxation.
Initiation au yoga	
Objectifs :	– Mobiliser l'attention – retour au calme. – S'oxygéner – travail du souffle. – Flexibilité – étirement. – Renforcement musculaire du dos.

Déroulement

Les enfants sont étendus sur le dos, le corps bien en contact avec le sol, bras étendus le long du corps, paumes contre le sol.

L'animateur les guide en effectuant les mouvements :

- **On respire calmement.**
- **On replie les genoux en laissant les pieds au sol. On souffle et on inspire.**
- **On soulève lentement les fesses, puis le bas du dos. On garde bien les pieds à plat sur le sol. On laisse bien la tête, les épaules et les omoplates en contact avec le sol.** *(Le corps ne doit pas être trop cambré, mais légèrement arqué.)*
- **On garde cette position durant deux, trois respirations, puis on redescend lentement le corps au sol.**
- Recommencer trois fois.

Comme un nuage

Public : Maternelle et élémentaire.

Lieu : Espace de relaxation.

Objectifs :
- S'oxygéner – travail du souffle (respiration abdominale).
- Prendre conscience de sa respiration.
- Laisser libre cours à l'imagination.
- Se recentrer.
- Relâcher les tensions – détente corporelle.
- Favoriser l'endormissement.

Accompagnement sonore :
Accompagner ce jeu d'une musique douce pour favoriser la décontraction. (*Fantaisie pour solo harpe op.95* – Camille Saint-Saëns ; *Impromptu No.1, op. 29* – Chopin)

Déroulement

Les enfants sont étendus, mains sur le ventre. L'animateur les guide en reproduisant les gestes :

• **Vous êtes au milieu des nuages. C'est chaud, c'est doux. Vous respirez calmement en fermant les yeux.**

• **À votre tour, vous devenez un petit nuage tout rond qui flotte dans le ciel. Vous prenez l'air avec votre nez et votre ventre se gonfle comme un nuage tout rond de pluie.** *(Prendre l'air très lentement et calmement en gonflant le ventre.)*

• **Avec votre bouche, vous soufflez l'air qui est dans votre ventre et votre ventre se dégonfle, devient tout creux comme un petit nuage qui pleut.** *(Souffler l'air très lentement et calmement.)*

• **Imaginez que votre respiration fait avancer votre petit nuage. Imaginez-vous en train de flotter dans le ciel en respirant et en écoutant la musique.**

• Éventuellement, recommencer plusieurs fois en écoutant la musique.

Les nuages dans le ciel

Public : Maternelle et élémentaire.

Lieu : Espace de relaxation.

Objectifs :
- Se recentrer.
- Favoriser la concentration.
- Libérer l'énergie.
- Expression corporelle.

Précisions : Il ne s'agit pas dans ce jeu de marcher en suivant les indications de l'animateur, mais de « flotter » en suivant les consignes : les enfants deviennent des nuages. Veiller à ce qu'ils utilisent également bras et mains lors de leurs déplacements et à ce qu'ils ne se touchent pas les uns les autres.

Déroulement

Les enfants sont debout, espacés les uns des autres dans une salle vaste. L'animateur les guide :

• **Vous êtes des nuages et vous flottez dans le ciel.** *(Les enfants marchent calmement, se faisant le plus aériens, légers possible.)*

• **Attention flap !** *(L'animateur tape dans ses mains.)* **Le vent vous fait flotter à reculons.** *(Les enfants « flottent » à reculons.)*

• **Attention flap !** *(L'animateur tape dans ses mains.)* **Le vent vous fait flotter à l'endroit.** *(Les enfants « flottent » vers l'avant de nouveau.)*

• **Attention flap !** *(L'animateur tape dans ses mains.)* **Le vent vous fait flotter très vite.** *(Les enfants « flottent » rapidement – mais sans courir.)*

• **Attention flap !** *(L'animateur tape dans ses mains.)* **Le vent vous fait flotter très lentement.** *(Les enfants « flottent » au ralenti.)*

• **Attention flap !** *(L'animateur tape dans ses mains.)* **Le vent vous fait flotter très vite, mais à reculons.** *(Les enfants « flottent » vite – mais sans courir – à reculons.)*

• **Attention flap !** *(L'animateur tape dans ses mains.)* **Le vent vous fait flotter très lentement, mais à reculons.** *(Les enfants « flottent » lentement à reculons.)*

• **Maintenant, le vent vous berce doucement et vous fait danser dans le ciel !** *(Les enfants dansent lentement, en improvisant la balade de leur nuage.)*

Les mains font le temps

Public :	Maternelle et élémentaire.
Lieu :	Classe ou espace de relaxation.
Objectifs :	– Relâcher les tensions. – Coordonner les mouvements. – Mouvements asymétriques. – Mobiliser l'attention – concentration.
Précisions :	Les enfants les plus jeunes auront peut-être des difficultés à effectuer les mouvements asymétriques, mais certains y parviennent néanmoins parfaitement ! Adapter le discours pour les enfants les plus âgés. Seuls les gestes sont décrits.

Déroulement

Les enfants sont assis au sol ou à une table, un bureau…

L'animateur les guide en effectuant les gestes :

• **La neige tombe, tombe doucement.** *(Du bout des doigts des deux mains, les enfants tapotent la table, le sol…)*

• **Le vent souffle, souffle doucement.** *(Du bout des doigts des deux mains, les enfants caressent la table, le sol.)*

• **La pluie tombe, tombe doucement.** *(Leurs deux mains fermées en poings, les enfants tapotent la table, le sol.)*

• **La neige tombe, tombe doucement et le vent souffle, souffle doucement.** *(Simultanément : du bout des doigts d'une main, les enfants tapotent la table, le sol… et du bout des doigts de l'autre main, les enfants caressent la table, le sol.)*

• **La pluie tombe, tombe doucement et le vent souffle, souffle doucement.** *(Simultanément : une main fermée en poing, les enfants tapotent la table, le sol… et du bout des doigts de l'autre main, les enfants caressent la table, le sol.)*

• **La neige et la pluie tombent, tombent doucement.** *(Simultanément : du bout des doigts d'une main, les enfants tapotent la table, le sol… et une main fermée en poing, les enfants tapotent la table, le sol.)*

• **« Mais ! Les mains se trompent ! Il ne peut pas neiger et pleuvoir en même temps ! » dit le vent. Et il balaie le ciel !** *(Les enfants soufflent sur leurs mains et les agitent en bougeant les doigts dans tous les sens.)*

L'arc à l'envers

Public : Maternelle et élémentaire.

Lieu : Espace de relaxation.

Initiation au yoga

Objectifs :
- Mobiliser l'attention – retour au calme.
- S'oxygéner – travail du souffle.
- Souplesse corporelle.
- Flexibilité – étirement.

Précisions : Ce jeu qui favorise la digestion est particulièrement conseillé avant ou après un repas, un goûter…

Déroulement

Les enfants sont étendus à plat ventre, la tête entre les bras. *(Position de départ)*

L'animateur les guide en effectuant les mouvements :

• **On respire calmement.** *(Les enfants inspirent et expirent comme s'ils étaient endormis.)*

• **On redresse sa tête et on replie ses jambes. Avec ses mains, on va attraper ses pieds.** *(En gardant le bassin au sol, faire un arc avec le corps. Les mains attrapent les chevilles, le dos se creuse, la tête reste droite, regard dirigé vers l'avant.)*

• **On garde la position. On peut se balancer d'avant en arrière. On respire calmement en prenant l'air avec le nez et en le soufflant avec la bouche.** *(Garder la position durant trois respirations.)*

• **Puis on revient lentement à la position de départ.** *(Les enfants lâchent leurs chevilles, et retournent à la première position : étendus à plat ventre, la tête entre les bras.)* **On respire calmement.**

Ciel et terre

Public : Maternelle et élémentaire.

Lieu : Espace de relaxation.

Objectifs :
- Flexibilité – étirement.
- Mobiliser l'attention.
- Favoriser la concentration.
- Favoriser la confiance en soi.

Précisions : Veiller à ce que les enfants ne s'inspirent pas les uns des autres. Ils peuvent accompagner leurs mouvements des deux mots en rapport : « Terre ! » ou « Ciel ! »

Déroulement

Les enfants sont debout.

• L'animateur nomme un animal, un végétal ou un élément de paysage naturel.

• Les enfants doivent montrer où se situe l'animal, le végétal ou l'élément de paysage naturel en s'accroupissant mains au sol, si celui-ci se trouve sur la terre, en se mettant sur la pointe des pieds et les bras levés vers le ciel, si celui-ci se trouve dans les airs.

• Exemples de mots : Nuage, escargot, planète, rivière, étoile, chaton, oiseau, caillou, abeille, lion, montagne, soleil, etc.

• Pour clore le jeu, l'animateur peut proposer le mot « arc-en-ciel » qui sera interprété grâce à trois mouvements : terre, ciel, terre. (Faire chercher aux enfants.)

Variantes

L'animateur peut proposer à quelques enfants de venir, à tour de rôle, proposer eux aussi leurs mots au reste du groupe.

L'animateur peut également proposer des mots plus « abstraits » et observer la manière dont les enfants les interprètent. C'est très intéressant. Bien préciser aux enfants que l'interprétation est libre, qu'il n'y a pas de « réponses fausses » et qu'il n'est pas conseillé de copier les gestes de son voisin !

Exemples de mots : Vert, bleu (toutes les couleurs !), liberté, réfléchir, voler, rêver, musique, courir, souffle, sommeil, raconter une histoire, sourire, etc.

Comme une feuille pliée

Public : Maternelle et élémentaire.

Lieu : Classe ou espace de relaxation.

Initiation au yoga

Objectifs :
- Mobiliser l'attention – retour au calme.
- S'oxygéner – travail du souffle.
- Favoriser la concentration.
- Favoriser l'endormissement.

Accompagnement sonore :
Accompagner ce jeu d'une musique douce pour favoriser la décontraction. (*Thimar* – Anouar Brahem ; *Summertime, Rhapsody In Blue* – George Gershwin ; musique utilisée dans la vidéo : *Odette 2*, Stéphane Polge)

Déroulement

Les enfants sont à genoux, assis sur leurs talons, le dos bien droit, mains de chaque côté du corps. L'animateur explique :

• **On imagine que l'on est une petite feuille au bout d'une branche. On lève les bras et on se balance doucement.**

• **Quand vient la nuit, on se replie !** *(Baisser les bras.)*

• **On va poser le front contre le sol en allongeant ses bras vers l'arrière, le long de chaque jambe, on ressemble à une feuille repliée.**

• **On détend tous ses muscles et on respire très lentement et calmement en écoutant la musique.**

Variante

Au lieu de poser le front contre le sol (certains n'aiment pas cette position), on peut poser le front sur les deux poings empilés.

Petit vent – grand vent

Public : Maternelle et élémentaire.

Lieu : Classe ou espace de relaxation.

Objectifs :
- Travail du souffle – prendre conscience de sa respiration.
- Maîtriser son énergie.
- Maîtriser son souffle, (sa voix, ses gestes).
- Favoriser la concentration.

Déroulement

Les enfants sont assis, le dos bien droit, bras de chaque côté du corps. L'animateur explique :

- **Aujourd'hui il y a du vent ! Pour commencer, un petit vent. Soufflez tout doucement, comme si vous étiez un tout petit vent qui ne fait presque pas bouger les feuilles dans les arbres…** *(Respirer en soufflant très légèrement.)*
- **Maintenant, il y a un vent moyen. Soufflez ni trop doux, ni trop fort, comme un vent qui fait danser les feuilles sur le chemin.** *(Respirer en soufflant ni trop fort, ni trop bas.)*
- **Mais voilà que se lève un très gros vent, presque un ouragan ! Soufflez très fort, comme une tempête qui emporte les branches des arbres.** *(Respirer en soufflant très fort.)*
- Revenir au petit vent, en passant de nouveau par l'étape « vent moyen ».

Variante

Même jeu, mais avec la pluie.

La pluie pourra être représentée gestuellement (en tapant ses mains l'une contre l'autre, ses pieds par terre).

La pluie pourra être représentée verbalement au moyen d'onomatopées simples, telles que « Plic, ploc, plic, ploc. »

Roule flocon

Public : Maternelle et élémentaire.

Lieu : Espace de relaxation.

Objectifs :
- Libérer et maîtriser son énergie.
- Travailler le souffle.
- Se concentrer.

Matériel : Une boule de coton par enfant. (On peut également utiliser une plume.)

Déroulement

Les enfants se positionnent à quatre pattes sur l'aire de jeu. Devant chacun, on place une boule de coton. L'animateur explique :

• **Aujourd'hui, il neige. Les petits flocons (les boules de coton) s'envolent dans tous les sens car le vent souffle fort… Chacun d'entre vous devient un souffle de vent qui va faire avancer son flocon (la boule de coton) en soufflant doucement.**

• L'animateur précise : « **Il faut maîtriser son souffle, le doser. Si on souffle trop fort, le flocon part « de travers », si on souffle trop faiblement, il n'avance pas. Si on souffle calmement, le flocon obéit à la trajectoire qu'on veut lui faire prendre.** »

Variante

La course des flocons : Une fois ce jeu pratiqué plusieurs fois et bien maîtrisé, organiser une petite compétition : même principe du vent qui fait avancer le flocon en soufflant, mais à présent, les enfants partent tous sur une même ligne et ont une cible à atteindre grâce à leur flocon (repères au sol).

La pluie et les vents

Public : Maternelle et élémentaire.

Lieu : Espace de relaxation.

Objectifs :
- Libérer et transmettre l'énergie.
- Travail du souffle.
- Maîtriser ses mouvements.
- Favoriser le contact avec l'autre par le toucher – massage.

Précisions : Veiller à ce que l'enfant « masseur » maîtrise ses mouvements et reste doux dans son massage.

Déroulement

Les enfants sont assis deux par deux, l'un devant l'autre. Celui placé derrière sera le masseur, celui placé devant, le massé.

• **Il pleut fort sur la montagne !** *(Avec ses poings, le masseur tapote – doucement ! – le dos du massé. Comme si de grosses gouttes d'eau tombaient.)*

• **Le vent du Nord passe par là et sèche la montagne.** *(Le masseur frotte doucement toute la surface du dos du massé.)*

• **Il pleut doucement sur la montagne.** *(Le masseur pianote sur toute la surface du dos du massé. Comme des petites gouttes d'eau.)*

• **Le vent du sud sèche la montagne.** *(Le masseur caresse toute la surface du dos du massé.)*

• **Et le soleil le réchauffe avec ses rayons.** *(Le masseur improvise un massage doux sur toute la surface du dos du massé.)*

• Échanger les rôles.

La balançoire

Public : Maternelle et élémentaire.

Lieu : Espace de relaxation.

Objectifs :
- Prendre conscience de son corps.
- Assouplissement corporel.
- Favoriser le contact avec l'autre.
- Partager l'énergie.

Accompagnement sonore :
Une musique douce peut accompagner ce jeu qui doit se réaliser très lentement. (*Scènes d'enfants* – Schumann ; musique utilisée dans la vidéo : *Odette 2* – Stéphane Polge)

Déroulement

Les enfants sont assis en tailleur, deux par deux et face à face.

Un enfant pose ses mains à plat dans celles, ouvertes, de son partenaire. Celui-ci referme ses mains.

À présent qu'ils se tiennent bien les mains, les enfants se balancent doucement d'avant en arrière sans se lâcher, comme s'ils étaient sur une balançoire poussée par le vent.

Comptine d'hiver

Public : Maternelle.

Lieu : Classe ou espace de relaxation.

Objectifs :
- Échauffer les cordes vocales.
- Détente corporelle.
- Rassembler l'énergie.
- Mobiliser l'attention – retour au calme.

Précisions : Jeu conseillé le matin, pour débuter la journée en collectivité.

Déroulement

Les enfants sont debout. L'animateur leur dit la comptine :

- **Ffff… ffff… C'est moi le vent glacé.**
  Monsieur Neige est arrivé.
  Bom, bom, bom.
  Avec son gros ventre et son bonnet sur la tête.
  Brrrr… il fait froid ce matin
  Ah gla-gla mes mains !
  Vole, vole, petit flocon… zzzz… Tout fou, tout rond !
  Et tout doucement roule dans mon cou. Mmmmm… que c'est doux !

Puis, l'animateur les guide en s'accompagnant de gestes :

- **Ffff… ffff…** *(Souffler doucement en commençant par une expiration.)* **C'est moi le vent glacé.**
- **Monsieur neige est arrivé.** *(Marcher sur place, lentement et pesamment.)*
- **Bom, bom, bom.** *(Prononcer lentement, d'une voix légèrement grave.)*
- **Avec son gros ventre.** *(Projeter doucement son ventre en avant et mimer le gros ventre du bonhomme.)*
- **Et son bonnet sur la tête.** *(Faire mine d'enfoncer un bonnet sur sa tête avec les deux mains.)*
- **Brrrr… il fait froid ce matin.** *(Se frotter les bras. Claquer des dents.)*
- **Ah gla-gla mes mains !** *(Se frotter les mains.)*
- **Vole, vole, petit flocon… zzzz.** *(Faire des mouvements souples avec les bras et les doigts.)*
- **Tout fou, tout rond !** *(Poursuivre les mouvements avec les bras et les doigts.)*
- **Et tout doucement roule dans mon cou.** *(Incliner la tête doucement à droite puis à gauche.)*
- **Mmmm… que c'est doux !** *(Replier ses bras sur sa poitrine et s'enserrer, se bercer, comme si on était un doudou.)*

Bercés par le vent

Public : Maternelle et élémentaire.

Lieu : Espace de relaxation.

Objectifs :
- Prendre conscience de son corps.
- Assouplissement corporel.
- Partager l'énergie.

Accompagnement sonore :
Une musique peut accompagner ce jeu qui doit se réaliser très lentement. (*Le vent, le cri* – Ennio Morricone ; *Le Vent nous portera* – Noir Désir ; *J'ai demandé à la lune* – Indochine ; *Grande Fantaisie sur des Thèmes polonais, Op. 13* – Chopin)

Déroulement

Les enfants sont assis en tailleur ou les jambes allongées, deux par deux et dos contre dos. Les mains posées à plat sur le sol.

Ils ferment les yeux et respirent lentement en écoutant la musique.

En suivant la musique, très lentement, ils se balancent plusieurs fois de gauche à droite, puis de droite à gauche, en maintenant bien le dos à dos. Comme s'ils étaient bercés par le vent.

Puis ils continuent en se balançant d'avant en arrière.

Les feuilles d'automne

Public : Maternelle et élémentaire.

Lieu : Espace de relaxation.

Objectifs :
- Prendre conscience de son corps.
- Assouplissement corporel.
- Imaginer avec son corps – expression corporelle.
- Libérer l'énergie.
- Mobiliser l'attention.

Accompagnement sonore :
Choisir une musique relativement entraînante. (*Les fossiles, Carnaval des animaux* – Camille Saint-Saëns)

Précisions : À défaut de musique, l'animateur peut utiliser un autre signal sonore : un bâton de pluie, un triangle, une clochette, etc.

Déroulement

Les enfants sont assis. L'animateur met la musique et guide les enfants :

- **Vous êtes des feuilles d'automne emportées par un vent léger.**
- **Comme les feuilles, vous vous enroulez dans tous les sens.** *(Les enfants se contorsionnent lentement de toutes les façons possibles.)*
- L'animateur arrête la musique : **Quand j'arrête la musique, cela veut dire qu'il n'y a plus de vent. Vous ne bougez plus, vous arrêtez tous vos mouvements et vous restez dans la position où vous étiez au moment du signal : vous êtes des feuilles-enfants, immobiles, sculptées par le vent d'automne.**
- L'animateur met de nouveau la musique en expliquant : **Le vent est revenu ! Vous pouvez recommencer à vous enrouler dans tous les sens !**

Ainsi plusieurs fois de suite.

Variante

Même jeu, mais les enfants sont debout et dansent dans tous les sens en utilisant l'espace autour d'eux.

Il pleut !

Public :	Maternelle et élémentaire (jusqu'au CE2).
Lieu :	Classe ou espace de relaxation.
Objectifs :	– Rassembler son énergie – se recentrer. – Mobiliser l'attention – retour au calme.
Précisions :	Ce petit jeu est simple et rapide pour ramener calme et silence après une activité dans laquelle les enfants ont dépensé de l'énergie.

Déroulement

Les enfants sont debout. L'animateur les guide en effectuant les mouvements :

- **Il pleut !** *(Mains en l'air.)*
- **Sur ma tête.** *(Tapoter la tête.)*
- **Sur mes épaules.** *(Tapoter les épaules.)*
- **Devant moi !** *(Faire le geste de la pluie qui tombe en agitant les bras et les doigts.)*
- **Sur le côté !** *(Faire le geste de la pluie qui tombe en agitant les bras et les doigts, mais de chaque côté du corps.)*
- **Alors je fais des moulinets.** *(Faire des moulinets avec les mains.)*
- **Je croise mes bras.** *(Croiser les bras.)*
- **Et la pluie se tait !** Dire « **Chut** ! » en chuchotant.

Le monstre-tempête

Public : Maternelle et élémentaire (jusqu'au CE2).

Lieu : Espace de relaxation.

Objectifs :
- Gérer l'anxiété, maîtriser ses peurs.
- Exprimer ses émotions – prendre confiance en soi.
- Écouter l'autre.
- Expression orale et corporelle.
- Relâcher les tensions – libérer l'énergie.

Précisions : Ce petit jeu est basé sur l'échange. Par le mime et l'expression, l'enfant va exprimer ses propres peurs. Cela va l'aider à s'en libérer progressivement.
Après ce jeu, passer à un autre jeu apaisant et bien ancré dans la réalité, comme un jeu utilisant le souffle, de manière à bien faire la transition entre monde imaginaire et monde réel.

Déroulement

Les enfants sont assis en cercle. L'animateur explique :

• **Il pleut, il vente, il neige !** *(Mains brassant l'air.)* **Le monstre-tempête se lève ! Il emporte tout sur son passage ! Il fait du bruit ! Qui veut se transformer en monstre-tempête et nous montrer à quoi il ressemble ?** *(Pour encourager les enfants et leur donner un exemple, l'animateur peut leur montrer son propre monstre-tempête.)*

• À l'enfant qui souhaitera faire le monstre : **Montre-nous ce monstre-tempête ! Le bruit qu'il fait ! Que dit le monstre-tempête pour faire peur aux enfants ?**

• Aux autres enfants, une fois que l'enfant monstre-tempête s'est exprimé : Maintenant il faut calmer ce monstre-tempête en **chantant : « Chut, chut, monstre-tempête, écoute ma chansonnette, devient doux comme une chaussette** ! »

• L'enfant monstre-tempête retourne s'asseoir dans le cercle.

• Recommencer le jeu avec les autres enfants souhaitant montrer leur monstre-tempête. Chacun à son tour.

Le tam-tam de la pluie

Public : Maternelle et élémentaire.

Lieu : Espace de relaxation.

Objectifs :
- Solidariser le groupe.
- Expression corporelle.
- Coordonner ses mouvements.
- Libérer l'énergie.
- Détente corporelle.

Précisions : Marquer un rythme permet de détendre les enfants après un effort de concentration, d'apaiser les plus nerveux et de jouer collectivement afin que chacun puisse s'exprimer.

Déroulement

Les enfants sont debout en cercle. L'animateur effectue les gestes en expliquant :

- **Nous allons jouer au tam-tam de la pluie pour faire venir la pluie** *(ou « danser la pluie » s'il s'agit d'un jour pluvieux ! En ce cas, adapter les paroles plus bas.)* **comme si nous étions des sorciers indiens !** *(Mains en l'air.)*
- **Je tape dans mes mains en cadence, je choisis un rythme lent, et chacun de vous suit ce rythme en marchant sur place et en tapant sur ses cuisses avec ses mains.** *(L'animateur met en application ce qu'il dit et les enfants aussi.)*
- **Maintenant, j'accélère le rythme et vous suivez ce rythme, toujours en marchant sur place et en tapant sur vos cuisses avec vos mains.** *(L'animateur met en application ce qu'il dit et les enfants aussi. L'animateur accélère progressivement le rythme.)*
- **Maintenant, je lance mon chant magique pour appeler la pluie et vous le répétez avec moi.** *(L'animateur invente un chant court que les enfants répètent. Par exemple :* « **Plic, plic , plic ! viens par ici, madame la pluie !** » *ou plus « tribal » :* « **Iwahi ! Oumbaï Oumbaï ! Pluie !** »)
- Puis l'animateur choisit un enfant qui sera à son tour le meneur et reproduira les trois phases précédentes. Excepté le « chant », qu'il inventera lui-même s'il le désire.
- Recommencer le jeu avec les autres enfants souhaitant devenir meneur. Chacun à son tour.

L'univers

LE SOLEIL

LA LUNE

LES ÉTOILES

LES PLANÈTES

Le yoyo du rayon de soleil

Public : Maternelle (à partir de la GS) et élémentaire.

Lieu : Espace de relaxation.

Objectifs :
- Prendre conscience de son corps.
- Assouplissement corporel.
- Coordonner ses mouvements.
- Partager l'énergie.
- Faire confiance à l'autre.
- Se concentrer.

Accompagnement sonore :
Une musique douce peut accompagner ce jeu qui doit se réaliser très lentement. (*La Plage* – Yann Tiersen ; *Trois Mazurkas, Op. 59 : No. 1* – Chopin ; *Pavane, Op. 50* – Gabriel Fauré)

Déroulement

Les enfants sont répartis deux par deux. Ils se placent debout, bien droits, jambes légèrement écartées, dos contre dos. Ainsi ils deviennent un rayon de soleil qui va briller et se cacher tour à tour. L'animateur les guide :

- **Quand le rayon se cache, on s'asseoit tout doucement, en essayant de garder l'équilibre et le contact avec le dos de son partenaire. On fléchit les genoux et, petit à petit, le corps « glisse » au sol.**
- **Quand le rayon brille, on se relève lentement, en essayant de garder l'équilibre et le contact avec le dos de son partenaire.**

L'animateur alterne ensuite plusieurs fois les consignes : « **Le rayon se cache** », « **Le rayon brille** ». Il peut aussi alterner en cours de mouvement pour amuser les enfants !

Les rayons

Public : Maternelle et élémentaire.

Lieu : Classe ou espace de relaxation.

Initiation au yoga

Objectifs :
- Mobiliser l'attention – retour au calme.
- S'oxygéner – travail du souffle.
- Développer le sens de l'équilibre.
- Flexibilité – étirement.

Déroulement

Les enfants sont assis sur une chaise, mains sur le dessus des cuisses, dos bien droit. L'animateur les guide en effectuant les mouvements :

- **On respire lentement.** *(Inspirer l'air avec le nez et le rejeter en soufflant avec la bouche.)*
- **On pivote le bassin sur le côté gauche en gardant ses jambes devant soi et on attrape le côté du dossier de la chaise.**
- **En restant sur le côté, jambes toujours devant soi, on lâche le côté du dossier de la chaise et on étend les bras devant soi. On prend l'air avec le nez lentement.**
- **Puis on souffle l'air avec la bouche en étendant les bras vers le ciel, comme s'ils étaient des rayons de soleil.** *(Rester sur le côté.)*
- **On revient à la position de départ.** *(Assis de face, mains sur le dessus des cuisses, dos bien droit.)* **On respire lentement.** *(Inspirer l'air avec le nez et le rejeter en soufflant avec la bouche.)*
- Recommencer cet enchaînement de l'autre côté, puis revenir à la position de départ.

Les grimaces du soleil

Public : Maternelle et élémentaire.

Lieu : Classe ou espace de relaxation.

Objectifs :
- Détendre le visage.
- Exprimer les émotions – jouer avec l'expression du visage.
- Imagination.

Précisions : Adapter le discours pour les enfants les plus âgés. Seules les mimiques sont décrites.

Déroulement

Les enfants sont assis.

L'animateur leur demande d'imaginer qu'ils sont le soleil. Il leur explique que parfois le soleil est content, d'autres fois, pas content du tout. Avec leur visage, ils vont devoir mimer l'humeur du soleil.

L'animateur les guide en effectuant les mimiques que les enfants reproduiront :

- **Il n'y a pas un nuage, le soleil est content, il sourit ! Il ouvre grand ses yeux, tout son visage est détendu.**
- **Un petit nuage arrive, le soleil est contrarié, il fronce un peu les sourcils et tord un peu la bouche.**
- **Un gros nuage noir le cache, le soleil est mécontent, il fronce beaucoup les sourcils et mange ses lèvres.**
- **La pluie dégouline, le soleil est très triste, tout son visage est malheureux.**
- **Un éclair jaillit, le soleil a un peu peur. Il ouvre grand ses yeux et grand la bouche.**
- **Le tonnerre gronde, le soleil est effrayé ! Il se fronce de partout : le front, les sourcils, le nez, la bouche, les yeux, le cou !**
- **Mais voici le vent qui caresse le soleil. Il se détend. Il sourit. Il ferme les yeux de plaisir.**

Comptine de printemps

Public :	Maternelle.
Lieu :	Classe ou espace de relaxation.
Objectifs :	– Échauffement des cordes vocales. – Détente corporelle. – Rassembler l'énergie. – Mobiliser l'attention.
Précisions :	Ce jeu peut être effectué le matin, pour débuter la journée en collectivité.

Déroulement

Les enfants sont debout. L'animateur leur dit la comptine :

• **Ffff… ffff…**
Voici le vent de printemps !
Le soleil arrive tout doucement…
Il me chatouille le bout du nez !
Il me caresse le bout du pied !
Tiguili, tiguili, tiguili…
Sous mon toit pendant la nuit
L'hirondelle a fait son nid !
Cui cui cui !

Puis, l'animateur les guide en s'accompagnant de gestes :

• **Ffff… ffff…** *(Travail du souffle : commencer par l'expiration du ffff, puis, laisser l'air entrer naturellement dans les poumons pour mettre en place le bon geste respiratoire.)*

• **Voici le vent de printemps !**

• **Le soleil arrive tout doucement…** *(Détente corporelle : faire le geste de s'étirer avec les bras et les mains en ouvrant les doigts, comme des rayons de soleil !)*

• **Il me chatouille le bout du nez !** *(Détente du visage : fermer les yeux, de plus en plus fort, puis froncer le nez et étirer la bouche, comme si on était chatouillé ! Enfin, doucement relâcher les crispations.)*

• **Il me caresse le bout du pied !** *(Remuer les orteils.)*

• **Tiguili, tiguili, tiguili…** *(Échauffement vocal, articulation.)*

• **Et sous mon toit pendant la nuit** *(Faire « chut », avec l'index devant la bouche.)*

• **L'hirondelle a fait son nid !**

• **Cui cui cui !** *(Battre des bras, comme un oiseau qui bat des ailes.)*

Jeux d'ombres

Public : Maternelle (à partir de la GS pour les variantes) et élémentaire.

Lieu : Espace de relaxation ou extérieur.

Objectifs :
- Prendre conscience de son corps.
- Coordonner ses mouvements.
- Établir le contact avec l'autre.
- Favoriser la concentration.

Précisions : Ce jeu peut être réalisé dans une pièce disposant d'un éclairage mobile (type lampadaire halogène) pouvant être placé dans le dos des enfants de manière à ce que leurs ombres se découpent bien sur le sol. Mais c'est très agréable d'effectuer ce jeu dehors, sous un grand soleil.

Déroulement

Les enfants sont répartis de manière à ce que leurs ombres se découpent bien sur le sol. L'animateur explique que chaque fois que les rayons de soleil rencontrent quelque chose ou quelqu'un, ils sont stoppés et qu'ainsi naissent les ombres.

Chacun est invité à découvrir son ombre et à jouer avec elle :

- En levant un bras, deux bras. En bougeant la tête, les jambes, etc.
- En inclinant son corps d'un côté, puis de l'autre.
- En marchant à petit pas, puis à grands pas.
- En sautant. En s'accroupissant.
- De profil, en faisant « le gros ventre », ou en rentrant son ventre.

Variantes

Le jeu de L'ombre qui suit l'ombre : L'animateur demande aux enfants de se mettre deux par deux de manière à ce que leurs deux ombres se découpent bien sur le sol. L'un des enfants (A) est désigné comme « l'ombre », son partenaire (B) devient « l'ombre qui suit l'ombre ». Tous les mouvements de A (sauter, bouger les membres, marcher, etc.) sont reproduits le plus fidèlement possible par B. On a ainsi l'impression que l'ombre de B suit celle de A.

Le jeu de la file d'ombres : L'animateur demande aux enfants de se placer de profil, en file indienne de manière à ce que chacune de leurs ombres se découpe bien sur le sol d'un côté de la file. Le premier enfant de la file effectue un mouvement que reproduit le deuxième, puis le troisième, le quatrième, etc. Au signal de l'animateur, le premier enfant de la file effectue un second mouvement différent, aussitôt repris à tour de rôle par chacun des enfants. Ainsi de suite, l'objectif étant qu'il n'y ait jamais d'interruption de mouvements dans la file.

Sourire soleil

Public : Maternelle et élémentaire.

Lieu : Espace de relaxation.

Objectifs :
- Relâcher les tensions – détente corporelle.
- Détendre la bouche (opposition contraction/décontraction).
- Partager avec autrui – cohésion de groupe.
- Favoriser la concentration.

Précisions : Ce jeu est basé sur l'observation des autres et le respect des tours de rôle. L'animateur veille à ce que tous les enfants lancent et reçoivent. Au besoin, il peut nommer les enfants qui n'ont pas encore été choisis pour guider le « lanceur ». Pour les plus jeunes, c'est l'animateur qui indique à qui chacun doit lancer son sourire. Ceci permet un déroulement plus fluide du jeu.

Déroulement

Les enfants sont assis en cercle, espacés les uns des autres. Chaque enfant à son tour va devenir un soleil.

• L'animateur désigne un premier enfant qui effectue alors un sourire (contraction). Il devient le soleil.

• Cet enfant souriant doit ensuite transmettre son sourire à un camarade de son choix pour qu'à son tour, il devienne soleil. Pour cela, il doit prendre son sourire sur ses propres lèvres et le lui envoyer : il passe la main devant son visage pour faire disparaître le sourire (décontraction), il redevient donc sérieux tout en envoyant son sourire (en mimant de le lancer) à l'enfant qu'il a choisi.

• L'enfant choisi recueille le sourire lancé : il sourit à son tour, devient soleil. Puis de la même manière, transmet son sourire à quelqu'un d'autre. Et ainsi de suite.

Bonjour au soleil

Public : Maternelle et élémentaire.

Lieu : Espace de relaxation.

Initiation au yoga

Objectifs :
- Développer le sens de l'équilibre.
- Flexibilité – étirement.
- S'oxygéner – travail du souffle.
- Mobiliser l'attention – retour au calme.

Accompagnement sonore :
Choisir une musique sereine et « lumineuse » ! (*Le matin, Les enfants* – Yann Tiersen ; *He-O, Fields Of Coral* – Vangelis ; *En los trigales* – Joaquin Rodrigo ; *Serenata Espanola* – Joaquin Malats ; *Prelude BWV 1006* – J. S. Bach)

Déroulement

Les enfants sont debout, les pieds joints, le dos bien droit et les mains jointes paume contre paume au niveau du ventre (entre la poitrine et le nombril : plexus solaire). L'animateur les guide en effectuant les mouvements :

- **On souffle lentement.**
- **En prenant l'air avec le nez, on sépare les mains et on tend les bras un peu en arrière au-dessus de sa tête.**
- **On chatouille le soleil en respirant calmement.**
- **En soufflant doucement, on se penche lentement en avant et on va chatouiller ses pieds. On essaie de garder les jambes tendues, mais si c'est trop difficile, on peut les plier légèrement. Ce qui est important, c'est que le dos reste bien droit.**
- **On prend l'air avec le nez et on recommence le bonjour au soleil en revenant lentement à la position de départ** *(debout, les pieds joints, le dos bien droit et les mains jointes entre la poitrine et le nombril).*
- Recommencer une fois cet enchaînement, puis revenir à la position de départ.

Cache-cache soleil

Public :	Maternelle et élémentaire (jusqu'au CE2).
Lieu :	Classe ou espace de relaxation.
Objectifs :	– Prendre conscience du jour et de la nuit – apprivoiser la nuit. – Prendre confiance en soi. – Relâcher les tensions – détente corporelle. – Favoriser la concentration.
Précisions :	Proposer éventuellement aux enfants porteurs de lunettes de les ôter.

Déroulement

Les enfants sont assis.

L'animateur leur explique qu'ils vont jouer à cache-cache avec le jour. Il les guide en effectuant les mouvements :

- **On pose ses mains sur ses yeux.**
- **On ferme ses yeux. Ombre.**
- **On enlève ses mains.**
- **On ouvre ses yeux. Soleil.**
- **On pose ses mains sur ses yeux.**
- **On ferme ses yeux. Nuit.**
- **On enlève ses mains.**
- **On ouvre ses yeux. Jour.**

Recommencer plusieurs fois. Puis ouvrir et fermer les yeux sans le support des mains. L'animateur se contente alors de dire et les enfants effectuent les gestes :

- **On ferme ses yeux. Ombre.**
- **On ouvre ses yeux. Soleil.**
- **On ferme ses yeux. Nuit.**
- **On ouvre ses yeux. Jour**
- **Ombre.**
- **Soleil.**
- **Nuit.**
- **Jour.**

Système solaire

Public : Maternelle et élémentaire.

Lieu : Classe.

Objectifs :
- Relaxer les doigts et les poignets.
- Flexibilité – souplesse des mains.
- Relâcher les tensions.

Précisions : Adapter le discours pour les enfants les plus âgés. Seuls les gestes sont décrits.

Déroulement

Les enfants sont assis derrière une table, un bureau. L'animateur les guide en effectuant les gestes :

- **On pose les avant-bras et les mains à plat, doigts un peu écartés, sur la table.**
- **Le soleil se lève ! On relève une main le plus possible sans décoller l'articulation (le poignet) ni l'avant-bras de la table. Le soleil se couche : on repose la main.**
- Faire de même avec l'autre main.
- **Les planètes se réveillent les unes après les autres. Mains à plat sur la table, on relève puis on rabaisse alternativement chaque doigt de chaque main.** *(On peut citer les planètes du système solaire pour les enfants à partir de la GS. Pour chaque doigt, une planète : Mercure, Vénus, Terre, Mars, Jupiter, Saturne, Uranus, Neptune. Il en manque deux ! Pourquoi ne pas les inventer suivant l'humeur du jour de la classe ou des enfants : « la planète Pipelette », « la planète Bougonus », « la planète Atoutalure », etc. ; pour les plus jeunes, baptiser les planètes selon l'envie ou le thème du moment !)*

Réchauffer ses pieds

Public :	Maternelle et élémentaire.
Lieu :	Espace de relaxation.
Objectifs :	– Relaxer les pieds et les chevilles. – Flexibilité – souplesse des articulations. – Détente corporelle – rassembler l'énergie. – Relâcher les tensions – activer la circulation sanguine. – Automassage des pieds.
Précisions :	Adapter le discours pour les enfants les plus âgés. Seuls les gestes sont décrits.

Déroulement

Les enfants sont assis au sol, pieds nus. L'animateur les guide en effectuant les gestes :

• **On imagine que les mains sont des soleils qui vont réchauffer et détendre vos petits pieds.** *(Remuer les mains comme des marionnettes.)*

• **On commence à caresser doucement les deux côtés de chaque pied avec la paume des mains pour commencer, puis on continue en effectuant de petits cercles avec les doigts.**

• **On masse doucement le dessous de chacun des pieds. On part des orteils (doigts de pied) et on masse jusqu'au talon très lentement.** *(Commencer avec un pied, puis passer à l'autre.)*

• **Ensuite, on masse doucement les orteils un à un pour bien les détendre.**

• **On termine par les chevilles, en les massant de chaque côté** *(intérieur et extérieur)* **avec des mouvements circulaires.**

• **On remonte en massant lentement le cou-de-pied, puis la demi-jambe.**

La lune et l'océan

Public : Maternelle et élémentaire.

Lieu : Espace de relaxation.

Objectifs :
– Prendre conscience de son corps.
– Favoriser la concentration.
– Écoute de l'autre – contact avec l'autre.

Précisions : Veiller à ce que les enfants-lunes varient les points de contact avec leur partenaire : épaule, bras, tête, cou, main, etc.
Ce jeu est conseillé pour renforcer la cohésion et la confiance dans le groupe.

Déroulement

Les enfants sont répartis deux par deux sur l'espace de relaxation.

Un enfant assis est « l'océan », un enfant debout devient « la lune ». L'animateur les guide :

- **L'enfant-lune touche avec un doigt une partie du corps de son camarade océan.**
- **C'est la marée montante...**
- **Aussitôt, comme attiré par un aimant, l'enfant-océan se lève et suit l'enfant-lune qui le promène sur l'aire de jeu sans rompre le contact physique avec lui.**
- **Quand il le souhaite, l'enfant-lune peut décider de faire redescendre la marée en enlevant doucement son doigt du point de contact avec le corps de l'enfant-océan qui se laissera alors délicatement retomber au sol.**
- Échanger les rôles.

Un, deux, trois, lune !

Public :	Maternelle et élémentaire.
Lieu :	Espace de relaxation.
Objectifs :	– Opposition mouvement / immobilité. – Concentration. – Libérer l'énergie.
Précisions :	Adapter le discours pour les enfants les plus âgés. Seuls les gestes sont décrits.

Déroulement

Les enfants sont debout.

• L'animateur frappe une fois dans ses mains, en disant : « **Volez petites étoiles !** » Les enfants bougent librement en tous sens, comme des petites étoiles qui volent dans le ciel.

• L'animateur dit lentement : « **Un, deux, trois, lune ! La lune est dans le ciel, les étoiles s'endorment.** » *(Les enfants cessent tout mouvement, ferment les yeux, croisent les bras sur leur poitrine – mains sur les épaules –, baissent la tête et respirent calmement, comme s'ils dormaient.)*

• Puis l'animateur tape une fois dans ses mains en redisant : « **Volez petites étoiles !** » *(Les enfants, de nouveau, bougent librement en tous sens. Ainsi de suite.)*

Du croissant à la pleine lune

Public : Maternelle et élémentaire.

Lieu : Espace de relaxation.

Objectifs :
- Détente corporelle.
- Alterner étirement et contraction.

Accompagnement sonore :

Une musique douce peut accompagner ce jeu qui doit se réaliser très lentement. (*Ouverture Microcosmos* – Bruno Coulais ; *Comptine d'un autre été, l'après-midi, Summer 78* – Yann Tiersen ; *Metamorphosis Five* – Philip Glass)

Déroulement

Les enfants sont étendus. L'animateur les guide.

• **Vous êtes croissant de lune.** *(Les enfants se tournent sur le côté, en formant un croissant de lune avec leur corps. Tête entre les épaules. Bras arqués dans le prolongement de la tête. Jambes tendues parallèlement aux bras.)*

• **Vous êtes pleine lune.** *(Les enfants se roulent en boule, jambes repliées, genoux remontés sous le menton, bras enserrant les genoux, tête rentrée dans les bras.)*

• Alterner ces deux positions plusieurs fois, lentement et tout en douceur.

La demi-lune

Public : Maternelle et élémentaire.

Lieu : Espace de relaxation.

Initiation au yoga

Objectifs :
- Flexibilité – étirement.
- Développer le sens de l'équilibre.
- S'oxygéner – travail du souffle.
- Mobiliser l'attention – retour au calme.

Précisions : Pour les plus jeunes, l'animateur indique la droite, la gauche (ou la fenêtre, le placard, etc.), quel bras utiliser, de quel côté pencher…
Ce jeu peut-être réalisée après le jeu n°62, « La montagne ».

Accompagnement sonore :
Une musique douce peut accompagner ce jeu qui doit se réaliser très lentement. (*This happy Madness* – Antonio Carlos Jobim ; *Close your eyes* – Bernice Petkere, pour ces deux titres, préférer les interprétations très délicates et jazzy de Stacey Kent ; *La petite fille de la mer, L'enfant* – Vangelis ; *Fishing Junks At Sunset* – Jean-Michel Jarre ; musique utilisée dans la vidéo : *Mic Mac*, Stéphane Polge)

Déroulement

Les enfants sont debout, jambes un peu écartées *(position de départ)*. L'animateur les guide en effectuant les mouvements.

- **On pose la main droite** *(pour les plus jeunes, l'animateur montrera la main droite)* **sur sa hanche droite.**
- **On lève le bras gauche au-dessus de la tête en prenant appui contre l'oreille gauche. On tend ses doigts mais sans forcer.** *(Les doigts restent souples.)*
- **On se penche lentement sur la droite** *(sans basculer le corps vers l'avant ou l'arrière)*, **en essayant de toucher l'épaule droite avec l'oreille droite** *(sans lever l'épaule !)*
- **On garde cette position un petit moment.**
- **On revient à la verticale en baissant doucement le bras.**
- Recommencer de l'autre côté.

Dort la lune

Public : Maternelle et élémentaire.

Lieu : Espace de relaxation.

Objectifs :
- Retour au calme.
- Relâcher les tensions – détente corporelle.
- Lâcher prise.
- Favoriser l'endormissement.

Accompagnement sonore :
Une musique douce peut accompagner ce jeu. (*Clair de lune, Rêverie* – Debussy ; *Frida* – Yann Tiersen ; *Earth Prelude* – Ludivico Einaudi ; *Amazing Grace* – musique traditionnelle, interprétation à la harpe : Alice Kirwan ; *River Flows in You* – Yruma)

Déroulement

Les enfants sont à genoux, assis sur les talons. Dos bien droit, tête légèrement inclinée vers le bas (regard au sol, loin devant eux) pour ne pas « casser » la nuque.

• Ils s'enroulent, deviennent « lune ronde » en amenant progressivement leur tête jusqu'au sol. Ils gardent les fesses sur les talons.

• Puis ils replient doucement leurs bras en croix sur leur tête. (*Position 2*)*

• Les enfants gardent cette position. Ils respirent calmement en écoutant la musique.

* *Cf* ex 128, p. 149.

Funambule

Public : Maternelle et élémentaire.

Lieu : Espace de relaxation.

Objectifs :
- Retour au calme.
- Souplesse corporelle.
- Travailler l'équilibre.
- Prendre confiance en soi.
- Favoriser la concentration.

Déroulement

• L'animateur matérialise une ligne (de deux à trois mètres) au sol entre deux points (la Terre et la Lune) à l'aide d'un trait tracé à la craie, d'une ficelle, etc.

• Les enfants se placent en file indienne.

• Chaque enfant marche tour en tour en équilibre sur la ligne (fil), il va de la Terre à la Lune, ou le contraire ! Comme un funambule, il utilise ses bras comme des balanciers, garde le regard fixé sur l'objectif, le point d'arrivée. (Veiller à ce que les pieds soient bien posés l'un après l'autre sur le « fil »... il ne s'agit pas d'aller trop vite !)

• Recommencer le jeu plusieurs fois, jusqu'à ce que cette marche en équilibre soit aisée pour tous.

Variante

En fonction de l'aisance et de l'âge des enfants, l'animateur peut leur faire effectuer des figures en cours de parcours.

Exemples : s'arrêter quelques instants sur un pied à mi-parcours ; au signal, lever un pied en pliant la jambe opposée ; effectuer un saut au signal ; effectuer le parcours en fermant les yeux ; etc.

De la lune

Public : Maternelle (GS) et élémentaire.

Lieu : Espace de relaxation.

Objectifs :
- Retour au calme.
- Autosuggestion – se recentrer.
- Prendre conscience de son corps et de sa respiration.
- Relâcher les tensions – détente corporelle.
- Favoriser l'endormissement.

Déroulement

Les enfants sont allongés sur le dos, bras le long du corps, jambes légèrement espacées. Ils respirent calmement. Les yeux sont fermés de préférence pour une plus grande concentration.

L'animateur explique :

• On est sur la lune, l'espace tout autour est immense, la terre est loin ! Elle ressemble à un petit ballon bleu. On respire tranquillement en écoutant le silence et en se laissant porter. On ne ressent ni chaud, ni froid... on essaie de ne plus penser à rien d'autre qu'à son cœur qui bat, son corps qui respire...

• Tout doucement, on va penser à de la terre. Sur notre planète, parfois il fait chaud, parfois il fait froid. Je vais dire des mots et vous essaierez de ressentir les sensations de chaud ou de froid en fonction des mots que vous entendrez.

• L'animateur énumère lentement des mots qui suggèrent une sensation de chaud ou de froid aux enfants. Exemples : volcan ; banquise ; soleil ; glace ; flamme ; neige ; radiateur ; glaçon ; Afrique ; pôle Nord ; feu ; ventilateur ; couverture, esquimau, etc.

• Tout doucement, on retourne sur la lune. On respire calmement, on ne ressent plus le chaud ni le froid. On essaie de ne plus écouter autre chose que son cœur qui bat.

En apesanteur

Public :	Maternelle et élémentaire.
Lieu :	Espace de relaxation.
Objectifs :	– Retour au calme. – Lâcher prise. – Relâcher les tensions – détente corporelle. – Faire confiance à l'autre. – Relâchement musculaire.
Matériel :	Un long foulard (ou écharpe, bande de tissu) par enfant.
Précisions :	Le jeu consiste à soulever légèrement les membres d'un partenaire grâce au foulard et à permettre détente et diminution des tensions musculaires. Le fait d'utiliser un foulard permet à l'enfant qui soulève de ne pas fournir d'effort exagéré et à l'enfant « soulevé » d'être plus en confiance et de se sentir libéré de la lourdeur de ses membres, comme « en apesanteur ».

Déroulement

• Les enfants sont répartis deux par deux. L'un est debout, l'autre est allongé sur le dos, bras le long du corps sans être plaqués, et jambes légèrement espacées. Il respire calmement.

• L'enfant qui est debout fait passer le foulard sous l'une des chevilles de son partenaire.

• En tirant les deux extrémités du foulard vers le haut, il soulève lentement la jambe et la déplace légèrement à droite et à gauche, dans tous les axes souhaités, mais en restant lent et doux dans ses mouvements.

(Attention : les mains qui tiennent le foulard ne sont pas placées à plus de trente centimètres au-dessus du membre soulevé. Ne pas soulever trop haut.)

• L'enfant qui soulève ramène délicatement la jambe de son partenaire au sol.

• Procéder ensuite de même pour l'autre jambe, puis pour chacun des bras (passer le foulard sous les avant-bras).

• Échanger les rôles.

La lune entre nous

Public : Maternelle et élémentaire.

Lieu : Espace de relaxation.

Objectifs :
- Se concentrer – maîtriser ses gestes.
- Faire attention à l'autre.
- Coordonner ses mouvements.
- Prendre conscience de son corps et de celui de l'autre.
- Préhension.

Précisions : Les mouvements devront être très lents.
Ce jeu est proche du jeu n°46, « La branche qui relie », mais il ne mobilise pas les mêmes parties du corps et ne génère donc pas les mêmes mouvements.

Matériel : Un ballon léger pour deux enfants.

Déroulement

Les enfants sont debout, répartis en équipes de deux.

Chaque équipe reçoit un ballon (la lune).

Les enfants doivent maintenir « la lune » entre eux en utilisant uniquement les parties du corps citées par l'animateur et sans qu'elle tombe au sol. L'animateur leur donne des consignes :

• **Maintenir la lune mains à mains.** *(Les enfants maintiennent le ballon entre eux, chacun avec ses mains.)*

• **Maintenir la lune dos à dos.** *(Les enfants maintiennent le ballon entre eux en se mettant dos à dos, le ballon entre eux.)*

• Poursuivre le jeu de la même manière. L'animateur peut proposer différentes consignes : **« ventre à ventre » ; « oreille à oreille » ; « nez à nez » ; « front à front » ; « épaule à épaule »...**

Variante

Même jeu, mais l'animateur donne pour consigne deux parties du corps différentes. Exemples : **« ventre à dos » ; « nez à front » ; « ventre à hanche » ; « coude à main »...**

Au clair de la lune

Public :	Maternelle et élémentaire (jusqu'au CE1).
Lieu :	Classe ou espace de relaxation.
Objectifs :	– Échauffement des cordes vocales. – Relâcher les tensions. – Rassembler l'énergie. – Mobiliser l'attention.
Précisions :	Jeu pouvant s'effectuer le matin, pour débuter la journée en collectivité.

Déroulement

Les enfants sont debout. L'animateur leur chante sur l'air de « Au clair de la lune » :

- **Au clair de la lune**
  Mon ami l'oiseau
  Perché sur la lune
  Mangeait un gâteau

  Il hoche la tête
  Je lui fais coucou
  « Viens donc faire la fête
  Et manger un bout ! »

Puis, l'animateur les guide en s'accompagnant de gestes (les enfants peuvent chanter avec lui) :

- **Au clair de la lune** *(Dessiner lentement un grand cercle devant soi avec les mains et les bras.)*
- **Mon ami l'oiseau** *(Battre lentement et souplement des bras comme s'il s'agissait d'ailes.)*
- **Perché sur la lune** *(De nouveau dessiner un grand cercle devant soi.)*
- **Mangeait du gâteau** *(Masser doucement son ventre avec des mouvements circulaires.)*
- **Il hoche la tête** *(Remuer la tête de bas en haut – pas trop vite !)*
- **Je lui fais coucou** *(Agiter les deux bras devant soi.)*
- **« Viens donc faire la fête.** *(Tendre les deux bras en l'air.)*
- **Et manger un bout ! »** *(Faire mine d'apporter une nourriture à la bouche en effectuant des mouvements de poignets d'avant en arrière, coudes fléchis.)*

L'empreinte des étoiles

Public :	Maternelle et élémentaire.
Lieu :	Espace de relaxation.
Objectifs :	– Détente corporelle – décontracter les muscles du dos par le toucher. – Communication avec l'autre – massage. – Coordonner ses mouvements. – Relâcher les tensions. – Partager et transmettre l'énergie.
Précisions :	Veiller à ce que chacun effectue des mouvements doux, lents et larges sur l'ensemble du dos de son partenaire. Adopter le discours pour les enfants plus âgés.

Déroulement

Les enfants sont assis deux par deux. L'un tourne le dos à l'autre.

L'animateur se tient face à eux et leur explique le jeu (ou il est assis lui aussi avec un enfant et effectue les gestes en même temps qu'il les explique).

• **Regardez le dos de votre copain ! On va dire que c'est le dos du ciel ! Vos mains sont deux petites étoiles qui vont laisser leurs empreintes sur le dos du ciel, le dos de votre partenaire (copain).**

• **Tracez des empreintes en zigzag sur le dos du ciel.** *(Avec les deux mains, paumes bien à plat sur le dos de l'autre, effectuer de lents mouvements en zigzag.)*

• **Tracez des empreintes en cercles sur le dos du ciel.** *(Avec les deux mains, paumes bien à plat sur le dos de l'autre, effectuer de lents mouvements circulaires.)*

• **Tracez des empreintes en vagues sur le dos du ciel.** *(Avec les deux mains, paumes bien à plat sur le dos de l'autre, effectuer de lents mouvements en ondulation.)*

• **Tracez des empreintes en lignes (traits) couchées sur le dos du ciel.** *(Avec les deux mains, paumes bien à plat sur le dos de l'autre, effectuer de lents mouvements en lignes horizontales.)*

• **Tracez des empreintes en lignes (traits) debout sur le dos du ciel.** *(Avec les deux mains, paumes bien à plat sur le dos de l'autre, effectuer de lents mouvements en lignes verticales.)*

• Échanger les rôles.

De l'enfant à l'étoile

Public : Maternelle et élémentaire.

Lieu : Espace de relaxation.

Objectifs :
- Sensibilité – créativité – imagination.
- Communication avec l'autre.
- Partager et transmettre l'énergie.

Déroulement

Les enfants sont debout deux par deux, face à face. L'un est l'étoile, l'autre, l'enfant.

L'animateur se tient face à eux et leur explique le jeu (il peut lui aussi se placer face à un enfant et effectuer les gestes en même temps qu'il les explique).

• Première partie narrative, sans gestes : **« Il était une fois, un enfant et une étoile. Chaque soir, l'enfant regardait briller l'étoile et chaque nuit, l'étoile regardait l'enfant. Elle se sentait un peu seule dans l'immense ciel, elle avait un peu froid, alors l'enfant décida de lui offrir des trésors.**

• **L'un de vous deux est l'étoile. Il écarte les bras et les jambes.** *(Les enfants « étoiles » se positionnent.)*

• **L'autre est l'enfant. L'enfant prend de la chaleur dans ses mains.** *(L'animateur mime en donnant sa propre interprétation de la chaleur. Mais chaque enfant peut improviser suivant son envie.)*

• **L'enfant pose la chaleur sur la première branche de l'étoile** *(Poser la chaleur sur un des bras de l'étoile.)* **qui danse doucement de contentement.**

• Reproduire cet échange de l'enfant à l'étoile en offrant : de l'amour (sur la seconde branche – l'autre bras), de la joie (sur la troisième branche – une jambe), du calme (sur la quatrième branche – l'autre jambe). À chaque fois, l'enfant étoile peut improviser, s'il le souhaite, une petite danse de plaisir.

• **Enfin, l'enfant pose sur la tête de l'étoile une couronne de rêves. L'étoile s'envole.** *(Les enfants-étoiles « s'envolent ».)* **Il est tard, l'enfant ferme les yeux et s'endort.** *(Les autres enfants ferment les yeux à leur tour.)*

• Échanger les rôles.

L'étoile filante

Public :	Maternelle et élémentaire.
Lieu :	Classe ou espace de relaxation.
Objectifs :	– Détendre le cou et les cervicales. – Favoriser la concentration. – Retour au calme. – Observation.
Matériel :	Une petite lampe laser ou une étoile filante découpée dans un papier coloré et fixée au bout d'un bâton.

Déroulement

Les enfants sont assis.

• L'animateur se tient face à eux et leur demande de fixer la lumière de la lampe (symbolisant le scintillement d'une étoile) ou l'étoile au bout du bâton, et de ne jamais la quitter des yeux.

• L'animateur fait alors effectuer de grands « huit » à son étoile en déplaçant très lentement et amplement son bras. Il peut successivement dessiner dans les airs des huit classiques (comme le chiffre) et des huit « couchés » (symboles de l'infini).

• Les enfants, en suivant l'étoile des yeux, effectuent des mouvements du cou et de la tête qui favorisent le relâchement des tensions.

Variante

D'autres déplacements de l'étoile sont possibles (de bas en haut, de gauche à droite, circulaires, etc.), mais l'animateur doit toujours veiller à la lenteur et à l'ampleur de ses mouvements.

Le rire des étoiles

Public : Maternelle et élémentaire.

Lieu : Espace de relaxation.

Objectifs :
- Transmettre et partager une énergie positive.
- Relâcher les tensions – détente mentale.
- Cohésion de groupe.

Précisions : Dans ce jeu, quand l'enfant transmet son rire, il doit arrêter de rire (comme un relai du rire !) Mais ce n'est pas aisé, car une fois que les enfants commencent à rire, difficile de les arrêter !
L'animateur doit veiller à ce que le jeu ne « déborde » pas trop : rester dans le rire détente, ne pas partir dans la surexcitation.

Déroulement

Les enfants forment une ronde. Pieds bien appuyés au sol. Jambes écartées, ils se donnent la main. Leurs membres sont comme les quatre branches des étoiles, la tête en étant la cinquième.

• L'un des enfants, désigné par l'animateur, commence à rire, il transmet son rire à son voisin en lui pressant la main et s'arrête lui-même de rire.

• Dès que son voisin sent la pression sur sa main, il se met à rire à son tour puis transmet son rire en pressant lui aussi la main de l'enfant-étoile suivant et en s'arrêtant de rire à son tour.

• Ainsi de suite, jusqu'à ce que tous les enfants de la ronde aient ri.

• Recommencer le jeu plusieurs fois.

Le nom des étoiles

Public : Maternelle et élémentaire.

Lieu : Espace de relaxation.

Objectifs :
- Canaliser l'énergie.
- Assouplir les muscles du visage.
- Favoriser la concentration.
- Écoute de l'autre – cohésion de groupe.
- Prise de parole – favoriser la confiance en soi.

Précisions : Ce jeu peut s'effectuer à tout moment de l'année, mais il est particulièrement indiqué en début d'année scolaire (ou pendant les premières séances d'un atelier de relaxation), pour faire connaissance les uns avec les autres et renforcer la cohésion et la confiance dans le groupe.
Adapter le discours pour les enfants les plus âgés.

Déroulement

Les enfants sont assis en cercle, au sol.

L'animateur explique :

• **Quand elles parlent, les étoiles étirent et ouvrent grand la bouche. Elles prononcent chaque mot très doucement en articulant. Pour que vous les entendiez bien, car elles sont très très loin dans le ciel.**

• **Aujourd'hui, on va jouer à parler comme une étoile. Vous serez les étoiles, moi, je vous demanderai comment vous vous appelez. Alors, vous me direz votre nom chacun à votre tour en articulant bien, en ouvrant très grand votre bouche et en étirant vos lèvres, comme ça…** *(L'animateur se nomme en suivant la consigne.)*

• L'animateur interroge chaque enfant à la suite : « **Bonjour, petite étoile, comment t'appelles-tu ?** » et l'enfant interrogé répond en suivant la consigne : « **Je m'ap-pel-le** (*Il dit son prénom en articulant.*) »

Variante

Pour des enfants plus grands, on peut demander à chaque enfant (A) de poser lui-même la question à son voisin de gauche (B).

<u>Exemple :</u>

A. – Comment t'appelles-tu (petite étoile) ?

B. – Je m'ap-pelle Bar-na-bé. *Reprenant un débit normal, à son voisin de gauche* : Et toi, comment t'appelles-tu (petite étoile) ?

Les étoiles clignotantes

Public : Maternelle et élémentaire.

Lieu : Classe ou espace de relaxation.

Objectifs :
- Détendre les muscles des paupières.
- Relâcher les tensions – retour au calme.
- Favoriser la détente, l'endormissement.

Accompagnement sonore :
En fin de jeu, privilégier une mélodie lente avec peu d'instruments. (*Prélude in E-Minor* (op.28 No. 4) – Chopin ; *Chilhood (1)* – Yann Tiersen ; musique utilisée dans la vidéo : *Odette 2* – Stéphane Polge)

Précisions : Ce jeu est recommandé pour débuter les séances de relaxation ou pour permettre un bref moment de relâchement. Elle permet également de préparer les enfants au repos, au sommeil.
Adapter le discours pour les enfants les plus âgés.

Déroulement

Les enfants sont assis ou étendus.

L'animateur les guide en effectuant les gestes :

- **Vos yeux sont deux petites étoiles clignotantes.**
- **Ces deux petites étoiles clignotent très vite.** *(Ouvrir et fermer les paupières plusieurs fois, rapidement.)*
- **Maintenant, elles clignotent moins vite.** *(Ouvrir et fermer les paupières plusieurs fois, moins rapidement.)*
- **Puis elles clignotent lentement.** *(Ouvrir et fermer les paupières plusieurs fois, lentement.)*
- **Enfin, les petites étoiles clignotent de plus en plus lentement, elles se sentent lourdes, fatiguées.** *(Ouvrir et fermer les paupières plusieurs fois, de plus en plus lentement.)*
- **Maintenant, les petites étoiles s'endorment en écoutant la musique de l'univers.** *(Fermer les paupières. L'animateur met une musique douce qui incite à la détente.)*
- Pour un moment de repos en classe, les enfants peuvent alors poser leur tête sur leurs bras croisés sur le bureau.

Le chemin des étoiles

Public : Maternelle et élémentaire.

Lieu : Espace de relaxation.

Objectifs :
- Expression corporelle.
- Coordonner ses mouvements.
- Observation.
- Favoriser la concentration.

Précisions : Les gestes du meneur seront des gestes tracés « dans l'air ». Faire des gestes très amples afin qu'ils puissent être facilement reproduits par les enfants. Selon l'âge des participants, choisir des mouvements simples ou plus complexes. Éventuellement, augmenter progressivement la complexité des gestes à reproduire.

Déroulement

Les enfants sont debout. L'animateur montre en expliquant :

- **Nous allons inventer les chemins que suivent les étoiles filantes dans le ciel. Chacune de vos mains est une étoile.** *(Remuer les mains en l'air.)*
- **Je vous montre le chemin et vos mains-étoiles essaient de suivre le même chemin.** *(L'animateur effectue plusieurs mouvements avec une, puis deux mains, puis les deux mains simultanément.)* Par exemple :
- **Les chemins qui se croisent.** *(Avec une main tracer un trait imaginaire oblique – du bas vers le haut. Puis, avec l'autre main, tracer un autre trait imaginaire oblique qui croise le premier.)*
- **Les chemins qui tournent.** *(Avec une main tracer un cercle imaginaire. Puis, avec l'autre main, tracer un autre cercle imaginaire.)*
- **Les chemins qui zigzaguent.** *(Avec une main tracer un zigzag – du bas vers le haut. Puis, avec l'autre main, tracer un autre zigzag – du haut vers le bas.)*
- **Les chemins à points.** *(Avec les deux mains, tracer deux chemins imaginaires en faisant comme des petits points dans l'air.)*
- **Les chemins en vagues.** *(Avec les deux mains, tracer des vagues ondulantes.)*
- Poursuivre le jeu selon l'inspiration.

Variante

Désigner un enfant meneur qui inventera ses propres chemins que le groupe reproduira. Recommencer le jeu avec les autres enfants souhaitant devenir meneur. Chacun à son tour.

La naissance des étoiles

Public :	Maternelle et élémentaire.
Lieu :	Classe ou espace de relaxation.
Objectifs :	– Mobiliser l'attention – retour au calme – S'oxygéner – travail du souffle. – Développer le sens de l'équilibre. – Flexibilité – étirement.
Précisions :	Adapter le discours pour les enfants les plus âgés. Seuls les gestes sont décrits.

Déroulement

Les enfants sont à genoux, assis sur leurs talons. Bassin plié, tête posée au sol, ils laissent leurs bras librement relâchés de chaque côté du corps, paumes des mains ouvertes vers le haut. (Voir *position 2* – jeu n° 115, « Dort la lune »). L'animateur les guide en effectuant les mouvements :

• Vous êtes des petites graines d'étoiles. Bien enroulées vous respirez calmement.

• La lune vous arrose de lumière, vous vous réveillez doucement. Vous respirez calmement. Vous soulevez lentement le haut de votre corps. Jusqu'à ce que votre dos et votre tête soient droits. Vous êtes toujours à genoux, assis sur vos talons, les bras relâchés le long du corps. Vous respirez calmement.

• Puis les graines d'étoiles commencent à pousser : vous levez vos bras en gardant vos mains relâchées. Vos fesses se décollent de vos talons, vous êtes à genoux. Vous soufflez doucement l'air avec votre bouche.

• Quand vos bras sont levés au-dessus de votre tête, vous étirez vos doigts un par un.

• Puis vous posez un pied sur le sol devant vous et, vous appuyant sur ce pied, vous vous levez en soufflant l'air avec la bouche.

• Une fois debout, vous écartez un peu vos pieds, vous étirez bien vos bras et vos doigts vers le ciel en levant le menton et en inclinant un peu la tête vers l'arrière. Vous respirez calmement.

• Une étoile à cinq branches est née !

Allumer et éteindre les étoiles

Public : Maternelle et élémentaire.

Lieu : Espace de relaxation.

Objectifs :
- Retour au calme.
- Décontracter les muscles.
- Favoriser la concentration.

Déroulement

Les enfants sont debout, les bras le long du corps.

• L'animateur leur montre les mouvements à effectuer :

• **Quand l'étoile s'allume :** sourire (briller !) et relever les bras à l'horizontale, comme s'ils étaient les branches de l'étoile.

• **Quand l'étoile s'éteint :** cesser lentement de sourire, et fondre comme une bougie très lentement et progressivement en se laissant doucement glisser sur le sol.

• Quand l'animateur touche l'épaule d'un enfant en disant : « **Allumé !** », celui-ci « s'allume », il sourit et place ses bras à l'horizontale en respirant calmement : il est devenu une étoile « allumée ».

• Puis l'animateur fait de même avec un autre enfant, puis un autre, etc.

• Quand l'animateur touche une seconde fois un enfant-étoile allumé, en disant : « **Éteint !** », celui-ci s'éteint et se laisse glisser sur le sol, puis il s'étend et se détend.

• L'animateur ne touche pas deux fois de suite le même enfant, il laisse les étoiles allumées un moment avant de les éteindre !

Les étoiles en contact

Public : Maternelle et élémentaire.

Lieu : Classe ou espace de relaxation.

Objectifs :
- Favoriser la concentration.
- Développer la cohésion dans le groupe.
- Partager l'énergie.
- Établir le contact avec l'autre.

Précisions : Adapter le discours pour les enfants les plus âgés. Seuls les gestes sont décrits.

Déroulement

- Les enfants et l'animateur sont debout. Ils forment un cercle et se donnent la main. Pour donner une dimension plus ludique au jeu, l'animateur peut expliquer qu'il s'agit d'une « ronde des étoiles », chaque enfant (et lui-même !) étant une étoile.
- Chaque étoile passe tour à tour un message à l'étoile voisine. Elle établit un contact.
- Avec sa main gauche, l'animateur presse la main droite de l'enfant qui est à sa gauche. Dès qu'il sentira cette pression, celui-ci pressera à son tour la main droite de son voisin de gauche. Ainsi de suite.
- Faire « tourner » le contact plusieurs fois et le plus rapidement possible tout en maîtrisant ses gestes : il ne s'agit pas d'écraser la main de son voisin, mais de la presser brièvement.

Les mains-planètes follettes

Public : Maternelle et élémentaire.

Lieu : Classe ou espace de relaxation.

Objectifs :
- Flexibilité – étirement.
- Échauffer bras et poignets.
- Coordonner les mouvements.
- Libérer l'énergie.

Précisions : Adapter le discours pour les enfants les plus âgés. Seuls les gestes sont décrits. Si les enfants ont beaucoup d'énergie à libérer, ils peuvent sautiller sur place en effectuant ce jeu.

Déroulement

Les enfants sont debout. L'animateur les guide en effectuant les mouvements :

• **Vos mains sont de petites planètes un peu follettes ! Elles aiment bien tourbillonner par devant.** *(Lever les deux bras vers l'avant en remuant les mains comme dans la chanson « Ainsi font font font ».)*

• **Elles aiment bien tourbillonner sur les côtés.** *(Lever les deux bras verticalement de chaque côté du corps en remuant les mains comme dans la chanson « Ainsi font font font ».)*

• **Elles aiment bien se balancer en avant.** *(Balancer les deux bras d'arrière en avant, en remontant les mains.)*

• **Elles aiment bien se balancer de côté.** *(Balancer les deux bras en partant des côtés extérieurs et en les ramenant, mains devant la poitrine.)*

• **Mais ce que préfèrent vos petites mains-planètes follettes, c'est tourner en l'air.** *(Lever lentement les bras en remuant les mains comme un moulin.)*

Flotte planète

Public : Maternelle et élémentaire.

Lieu : Espace de relaxation.

Objectifs :
- Détente corporelle.
- Lâcher prise – se recentrer.
- Mobiliser l'attention – retour au calme.

Accompagnement sonore :
Une musique douce accompagne la fin de ce jeu. (*La Source* – Hasselmans)

Précisions : Adapter le discours pour les enfants les plus âgés. Seuls les gestes sont décrits.

Déroulement

Les enfants sont assis en tailleur. L'animateur les guide en effectuant les mouvements :

- **On pose lentement ses mains derrière son cou.**
- **On imagine qu'on est une petite planète qui flotte dans l'univers. On se laisse aller et on se balance doucement de chaque côté en imaginant que l'on roule entre les étoiles, les autres planètes, le soleil qui nous réchauffe…** *(Se balancer doucement en respirant calmement.)*
- **La petite planète est tellement bien qu'elle chantonne en fermant les lèvres et les yeux en continuant à se balancer.** *(Fredonner sur deux notes un « Mmmm » reproduit comme une litanie très douce.)*
- **La petite planète se pose sur un rayon de soleil et s'endort en écoutant la musique…** *(Mettre la musique. Les enfants s'allongent et écoutent calmement en fermant les yeux s'ils le souhaitent.)*

Roule planète

Public : Maternelle et élémentaire.

Lieu : Espace de relaxation.

Objectifs :
- Canaliser l'énergie.
- Coordonner et maîtriser ses mouvements.
- Favoriser la relation à l'autre et la cohésion de groupe.
- Favoriser la concentration.

Matériel : Une balle ou un ballon en mousse.

Déroulement

Les enfants sont assis en cercle. Ils se font passer le ballon (la planète) de mains en mains. Puis, envoient le ballon en le faisant rouler au sol, à un camarade désigné par l'animateur. Ils ne jettent jamais le ballon en l'air.

(Si le groupe est calme et les enfants suffisamment concentrés, l'animateur peut les laisser choisir libres d'envoyer rouler le ballon vers qui ils le souhaitent.)

Variantes

- Envoyer le ballon rouler avec le pied, le genou, le coude, etc. (mais toujours au sol !)
- Remplacer le ballon par un anneau et se le faire passer avec le pied, le poignet, le genou…

La planète Pastakolère

Public :	Maternelle et élémentaire.
Lieu :	Classe ou espace de relaxation.
Objectifs :	– Libérer l'énergie – relâcher les tensions. – Exprimer et libérer les émotions négatives. – Retour au calme. – Relation avec l'autre.
Matériel :	Un gros coussin mou (type oreiller – mais pas en plumes, à cause des allergies potentielles et de l'utilisation qui en sera faite !).
Précisions :	Après une grande agitation (ou une grosse colère !), ce petit jeu amusant ramène le calme et la sérénité.

Déroulement

Les enfants sont assis (en cercle si l'espace le permet). Le coussin symbolise la planète Pastakolère.

Le coussin circule entre les enfants qui se le font passer à tour de rôle.

Quand un enfant récupère le coussin, il le pose sur le sol devant lui ou sur ses genoux et il le martèle à coups de poings (comme il le ferait sur un punching-ball). Puis il fait passer le coussin à un autre enfant.

Variante

Le coussin s'appelle la planète Tècomment. Les enfants peuvent exprimer sur le coussin les émotions positives, comme les émotions négatives qu'ils ressentent en eux (caresses, coups, chatouilles, etc.).

Les extraterrestres

Public : Maternelle (à partir de la GS) et élémentaire.

Lieu : Classe ou espace de relaxation.

Objectifs :
- Agilité intellectuelle – imagination.
- Rassembler son énergie – se stimuler.
- Expression orale.
- Confiance en soi – spontanéité.

Précisions : Ce jeu est idéal le matin pour réveiller les esprits ou pour redonner de l'énergie à un groupe fatigué ou démotivé.

Déroulement

Les enfants sont assis.

• L'animateur explique aux enfants qu'ils doivent faire semblant d'être des extraterrestres qui ont mélangé tout le vocabulaire des terriens.

• L'animateur désigne des objets dans la pièce et demande aux enfants tour à tour de nommer ces objets par un autre mot que leur nom, comme des extraterrestres qui prendraient un mot pour un autre.

• Les enfants sont libres de choisir des noms de leur choix.

• La réussite du jeu dépend également de la rapidité des réponses successives : conseiller aux enfants de ne pas réfléchir, mais de donner les noms qui leur viennent spontanément à l'esprit.

Exemples :

L'animateur désigne une gomme. / L'enfant désigné dit : « Ceci est une pomme. »

L'animateur désigne une table. / L'enfant désigné dit : « Ceci est un sandwich au poulet. »

Les planètes bizarres

Public : Maternelle et élémentaire.

Lieu : Espace de relaxation.

Objectifs :
- Opposition mobilité / immobilité.
- Tonicité musculaire.
- Libérer l'énergie.
- Étirement corporel – prendre conscience de son corps.
- Relâcher les tensions – détente corporelle.
- Travail du souffle.
- Automassage.

Déroulement

Les enfants sont debout. L'animateur les guide en effectuant les mouvements :

• **Vous êtes un astronaute dans l'espace. Vous vous promenez sur les petites planètes qui tournent autour de vous.**

• **La première planète est la planète Scoumoi. Dès que vous posez un pied sur elle, vous vous mettez à vibrer dans tous les sens, comme si vous aviez reçu une décharge d'électricité.** *(Vibrer des pieds à la tête.)*

• **Vite ! Vous vous sauvez de cette planète très bizarre ! Vous ne bougez plus et vous soufflez un bon coup pour vous remettre de vos émotions.** *(Inspirer l'air par le nez et le souffler calmement par la bouche.)*

• **La deuxième planète est la planète Étirmoi. Dès que vous posez un pied sur elle, vous vous mettez à vous étirer dans tous les sens, comme si on vous tirait sur les bras, les jambes, la tête.** *(S'étirer souplement en tous sens.)*

• **Vite ! Vous vous sauvez de cette planète très bizarre ! Vous ne bougez plus et vous soufflez un bon coup pour vous remettre de vos émotions.** *(Inspirer l'air par le nez et le souffler calmement par la bouche.)*

• Poursuivre le jeu de la même manière en alternant phase de mouvements et phase d'immobilité où les enfants se concentrent sur leur corps et leur respiration.

Exemples de planètes bizarres :

La planète Chatouillemoi. Dès que vous posez un pied sur elle, vous vous mettez à vous tordre dans tous les sens, comme si on vous chatouillait de partout. *(Se contorsionner en tous sens.)*

La planète Grattouilletoi. Dès que vous posez un pied sur elle, vous vous mettez à vous gratter partout. *(Se gratter sur tout le corps.)*

La planète Massetoi. Dès que vous posez un pied sur elle, vous vous mettez à vous masser partout. *(Se masser tout le corps.)*

Les grimaces du martien

Public :	Maternelle et élémentaire.
Lieu :	Classe ou espace de relaxation.
Objectifs :	– Mobiliser et détendre le visage. – Rassembler son énergie – se recentrer. – Favoriser la concentration.
Précisions :	Adapter le discours pour les enfants les plus âgés. Seuls les gestes sont décrits.

Déroulement

Les enfants sont assis, dos droit, bras le long du corps.

L'animateur les guide en effectuant les mouvements :

• **C'est l'histoire d'un petit martien qui se retrouve sur Terre. Il rencontre un gorille !**

• **« Le nez des terriens est ainsi », se dit-il. Alors, comme le gorille, il écarte et il ouvre bien les narines.**

• **« La bouche des terriens est ainsi », se dit-il. Alors comme le gorille, il fait bouger sa mâchoire : il déplace son menton vers le bas, vers l'avant, vers la droite, vers la gauche. Il claque des dents. Il sourit sans montrer ses dents. Il sourit en montrant ses dents et ses gencives.**

• **« Les terriens font des grimaces », se dit-il. Alors, comme le gorille, il tend ses lèvres en avant, il les plisse, il les cache à l'intérieur de sa bouche. Il met sa lèvre supérieure sur sa lèvre inférieure, puis sa lèvre inférieure sur sa lèvre supérieure.**

• **Il promène sa langue dans sa bouche, à l'intérieur de ses joues, devant ses dents, sur ses gencives, puis derrière ses dents.**

• **Mais quand le gorille pousse un grognement de gorille, le petit martien se sauve en courant. C'est alors qu'il rencontre…**

• Poursuivre le jeu des rencontres de ce petit martien sur plusieurs séances en détaillant à chaque fois les mimiques d'un animal qu'il rencontre, de manière à mobiliser les muscles du visage.

Exemples :

Le cheval : il souffle en faisant trembler ses lèvres, il bâille en montrant ses dents et en ouvrant grand la bouche, il remue la tête de haut en bas, etc.

Le chat : il se lèche les lèvres, il se lave la tête (massage du visage), il ferme les yeux, puis les ouvre soudain, etc.

Le lapin : il remue son nez. Il ouvre une narine, puis l'autre. Il ouvre grand les yeux, il fait bouger ses oreilles, etc.

Monsieur monde jongle

Public : Maternelle et élémentaire.

Lieu : Classe ou espace de relaxation.

Objectifs :
- Rassembler l'énergie – se recentrer.
- Favoriser la concentration.
- Détendre le dos et les cervicales.
- Corriger une mauvaise position du dos.

Précisions : Ce jeu est conseillé lorsque les enfants (et les adultes !) ont une mauvaise position assise, il les aide à aligner l'axe de leur dos.
Quand le corps n'est pas dans son axe, les muscles contractés se contractent davantage, les muscles affaiblis s'affaiblissent davantage et la posture décline, la concentration et l'attention également... d'où l'importance de corriger sa posture régulièrement de manière à prévenir fatigue, tensions et douleurs musculaires.
Adapter le discours pour les enfants les plus âgés. Seuls les gestes sont décrits.

Déroulement

Les enfants sont assis sur une chaise, dos droit, bras le long du corps, pieds un peu espacés, parallèles et bien en contact avec le sol.

L'animateur les guide en effectuant les mouvements :

• **Monsieur monde jongle avec les planètes. Il jongle grâce à ses épaules.** *(Monter lentement une épaule en inspirant et la relâcher rapidement – mais sans raideur – en expirant. Faire de même avec l'autre épaule, puis avec les deux en même temps. Attention : la tête doit rester bien droite.)*

• **Il jongle grâce à ses bras.** *(Étirer lentement un bras horizontalement – dans l'axe des épaules – en inspirant, puis le relâcher rapidement – mais sans raideur – en expirant. Faire de même avec l'autre bras. Puis effectuer un mouvement de jonglage (haut/bas/haut/bas) en alternant les deux bras. Continuer à garder la tête bien droite.)*

• **Il jongle grâce à sa tête.** *(Pencher légèrement la tête d'un côté. En inspirant, redresser lentement le dos, en gardant la tête penchée, comme si on était tiré par l'oreille – le dos s'étire, le bassin retrouve son axe. Redresser la tête dans l'axe du dos en expirant. Reproduire les mêmes mouvements en inclinant légèrement la tête de l'autre côté. Puis terminer en tournant la tête lentement jusqu'aux épaules, d'un côté, puis de l'autre.)*

Soleil - espace

Public :	Maternelle et élémentaire.
Lieu :	Espace de relaxation.
Objectifs :	- Mobiliser l'attention. - Libérer l'énergie. - Relâcher les tensions – détente corporelle. - Favoriser la cohésion de groupe.
Précisions :	Les enfants ne doivent jamais cesser de marcher, mais changer progressivement de direction.

Déroulement

Tous les enfants sont debout dans la pièce. L'animateur se place au centre de la pièce.

L'animateur représente le soleil, les enfants, les planètes. L'animateur guide les enfants :

- **Les planètes évoluent librement dans l'univers, vous marchez en occupant bien l'espace. Ces planètes ne tournent pas autour du soleil. Vous évitez donc de vous déplacer en dessinant des cercles.**
- **Quand je dirai « Soleil », les planètes se mettront à tourner autour du soleil. Vous viendrez marcher en cercle autour de moi.** *(L'animateur dit « Soleil ! » et les enfants viennent tourner autour de lui.)*
- **Quand je dirai « Espace », les planètes retourneront évoluer librement dans l'univers.** *(L'animateur dit « Espace » et les enfants retournent marcher dans la pièce sans dessiner de cercle.)*
- Ainsi de suite, plusieurs fois.

Je me réveille !

Public : Maternelle et élémentaire.

Lieu : Espace de relaxation.

Objectifs :
- Rassembler son énergie
- Se recentrer.
- Favoriser la concentration.
- Étirement et maintien corporel.

Accompagnement sonore :
Mélodie douce avec peu d'instruments (*Dance of the fairies* – Alizbar ; *Vltava* (*Moldau*) – Smetana ; *Riverside, Just So* – Agnès Obel ; *Piano Sonata No. 6 in C* – Haydn ; musique utilisée dans la vidéo : *Urban lines* – Stéphane Polge)

Précisions : Ce jeu peut devenir le rituel idéal pour achever une séance de relaxation. Il peut également permettre un bref moment de relâchement corporel entre deux activités qui demanderont de l'attention et de la concentration.

Déroulement

Les enfants sont assis au sol, le dos bien droit.

L'animateur les guide en effectuant les mouvements :

- **On ouvre les yeux. On les ferme. On les rouvre.** *(Plusieurs fois.)*
- **On bouge sa tête dans tous les sens, mais sans aller trop vite.**
- **On bouge les doigts, les pieds.**
- **On se lève lentement. On s'étire.**
- **On bâille.**
- **On ferme les poings et on tapote doucement partout sur son corps pour le réveiller.**
- **On se tient droit.**
- **On met ses épaules en avant, on lève ses épaules, puis on les ramène en arrière, et on les rabaisse.** *(Ainsi le corps est bien aligné. Ce mouvement très simple peut d'ailleurs être effectué seul et à tout moment de la journée lorsque les enfants ont tendance à s'avachir sur leur chaise en classe. Il permet de retrouver un bon maintien corporel.)*

Index thématique

A

Articulations (détendre les)

Attention (mobiliser l')

Automassage

C

Calme (retour au)

Chant

Cohésion de groupe

Détente mentale

Digestion (favoriser la)

E

Écoute de l'autre

Équilibre (travailler l')

Étirement corporel

Expression corporelle

Expression orale

F

Flexibilité

I

Imagination

J

Jeux de doigts

L

Lâcher prise (se laisser aller)

M

Maintien corporel (adopter une bonne posture)

O

Souplesse corporelle

T

Tensions (relâcher les)

V

Visage (décontracter le)

Voix (travail sur la)

Y

Yoga (initiation au)

Présentation du DVD

• Le DVD contient les vidéos des 50 jeux qui peuvent sembler les plus complexes à effectuer. Il est organisé en 4 parties correspondant à celles de l'ouvrage. Les exercices génériques de début et fin de séance sont proposés à part.

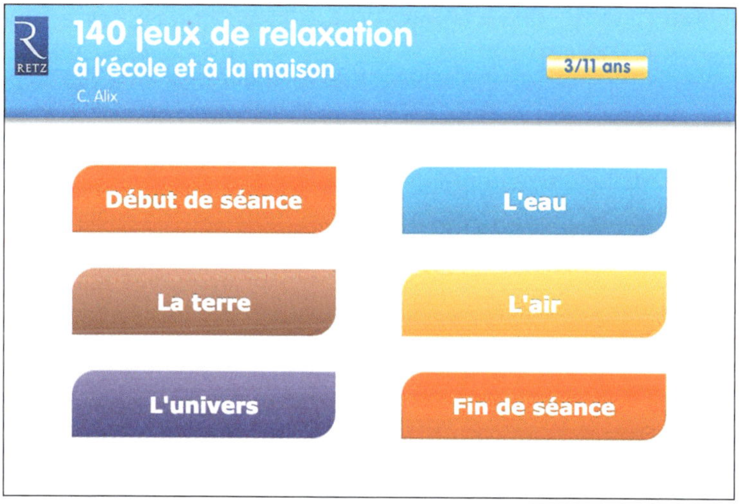

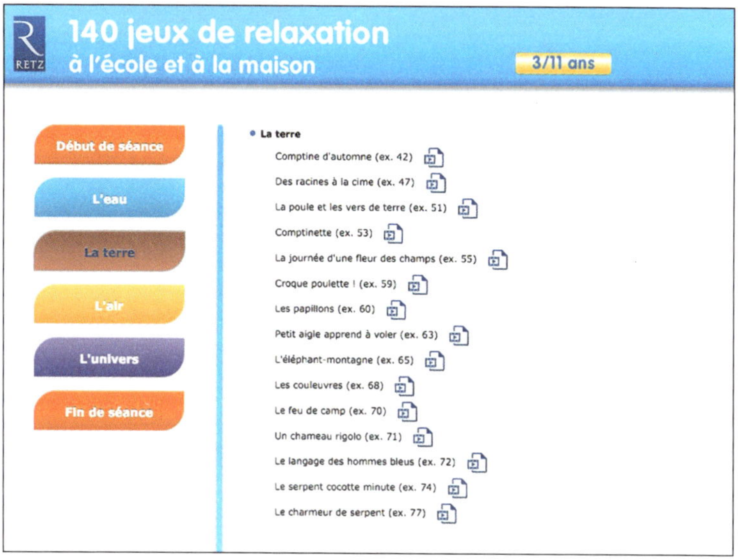

Utilisation du DVD

Installer le DVD

Sur PC : Insérer le disque dans votre lecteur. L'installation se lance automatiquement (au bout de quelques secondes). Si ce n'est pas le cas, aller dans le « Poste de travail » (menu « Démarrer », cliquer sur le fichier « 140_jeux_de_relaxation_PC.exe » et suivre les étapes d'installation jusqu'à la fin. Une icône s'affiche alors sur le « Bureau » : double-cliquer dessus pour lancer le DVD.

Sur Mac : Insérer le disque dans votre lecteur et double cliquer sur l'icône pour l'ouvrir. Double cliquer sur « 140_jeux_de_relaxation_MAC.dmg » puis glisser l'application dans le dossier « Applications ». Aller dans le dossier « Applications » et double-cliquer sur l'application installée. L'installation peut prendre quelques minutes.

L'utilisation du DVD n'est plus nécessaire une fois l'application installée sur l'ordinateur (PC et Mac).

Naviguer dans le DVD

• Accueil

Cliquer sur le logo Retz pour accéder au site Retz.

Cliquer sur la partie souhaitée.

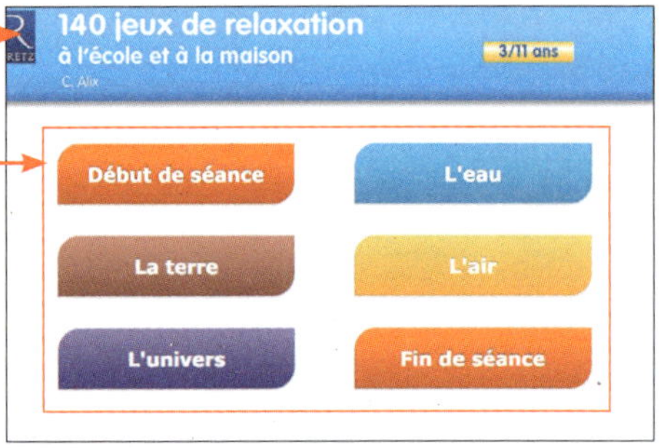

Cliquer sur le bandeau supérieur pour retourner à l'écran d'accueil.

Le nom de la partie sélectionnée précédemment s'affiche en bleu.

Cliquer sur ces boutons pour accéder directement aux autres parties, sans repasser par l'accueil.

L'ensemble des vidéos associées à la partie s'affiche.

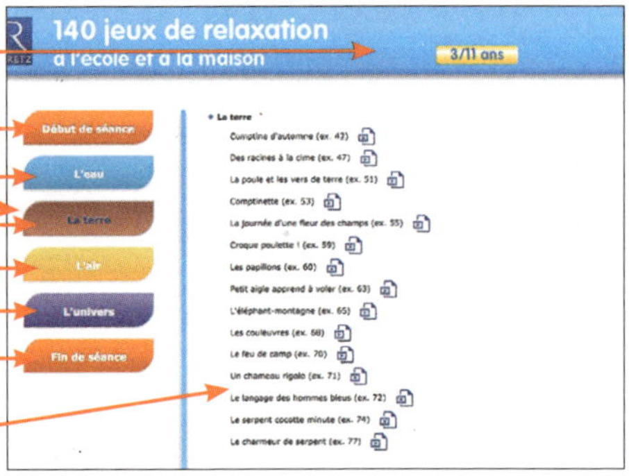